어쩌다 와인

어쩌다 와인

초판 1쇄 인쇄 2018년 06월 08일
초판 1쇄 발행 2018년 06월 10일

발행처 보민출판사
발행인 김국환
지은이 한길로
편 집 정은희
디자인 김민정

주 소 인천시 서구 불로동 769-4번지 306호
전 화 070-8615-7449
홈페이지 www.bominbook.com
신고번호 제313-2010-376호
등록번호 105-91-58839
ISBN 978-89-97159-67-3 03380
CIP 2018015095

ᄒᆞᆫ글로 빚은 와인, ᄒᆞᆫ와인

어쩌다 와인

한길로 지음

보민출판사

PROLOGUE

한 어린아이가 크레파스로 그림을 그립니다. 정성껏 자기와 양손을 잡고 있는 아버지와 어머니를 그리고 있습니다. 크레파스라 삐뚤삐뚤하게 그렸긴 했지만 아이는 뿌듯해합니다. 부모는 아들이 그려온 그림을 보고 잘 그렸다면서 대견해합니다. 우리가 보기에는 그림 속 어딜 봐서도 닮은 게 하나도 없지만 말입니다. 저도 크레파스로 와인을 그렸습니다. 그러다 보니까 막상 사과를 그렸는데 남들이 보기에 토마토로 보일 수 있습니다. 하지만 제 친구인 와인은 저인 줄 금방 알아보고 덩실덩실 함께 춤을 추자고 할 겁니다.

어른들에게 크레파스로 그림을 그리라고 하면 다들 꺼려합니다. 기왕 그릴 거면 잘 그리고 싶은 바람이 강한데 크레파스로는 좀처럼 자기 의지대로 그려지지 않습니다. 남들 시선도 생각하다 보니까 부담이 더한 겁니다. 이와 반대로 아이들은 잘 그리고자 하는 마음보다는 크레파스를 손에 꼭 쥐고 즐기면서 그림을 그립니다. 사실 그림을 그리는 동안에 누구의 눈치도 보지 않습니다. 그리고 이제는 앞으로 자랑할 거리만 남아있습니다.

저는 뭉뚝한 크레파스로 아이들과 같이 즐기듯 와인을 그려냈습니다. 전문가처럼 질 좋은 붓이나 샤프한 펜을 사용하여 와인을 쓰지 않았습니다. 그러기에 저의 책은 전문서적이 아닙니다. 저만의 와인 분모가 적다 보니까 와인 분자의 많고 적음도 크게 중요하지 않았습니다. 그래서 어떤 와인이든 허심탄회한 친구가 될 수 있어 우리들만의 이야기를 책 속에 고스란히 담을 수 있었습니다.

다른 와인 전문가(어른)와는 달리 세계 유일 품종인 한글로 와인을 이야기했습니다. 그리고 토착 품종인 은자殷字(김진명의 「글자전쟁」 참조)도 한글과 블랜딩되어 더없이 풍부한 이야기들 담을 수 있었습니다. 세계의 와이너리가 자국 또는 자기 지역에서 생산되는 최고의 포도 품종으로 와인을 빚었듯이 저는 주변 일상 경험을 소재로 와인을 이야기했고, 이를 책으로 담았습니다. 그러기에 누군가 보기에는 제가 쓴 와인 이야기가 오답이 될 수도 있고, 오해의 소지도 있을 수 있습니다. 하지만 저의 책에서 '오답을 찾았다'라는 것은 최소한 책을 한 번이라도 읽어본 것이라는 생각이 듭니다. 차라리 어느 누구도 읽지 않아 오답도 모른 채 책장에 꽂혀있는 책보다는 낫다고 생각합니다.

책을 쓰고자 마음먹었을 때부터 마침표를 찍을 때까지 많은 도움과 응원을 해준 이들이 있었습니다. 뜻하지 않은 이유로 마지막까지 함께하지는 못했지만 이 아쉬움은 꼭 시간을 두고 언젠가는 함께하겠습니다.

CONTENTS

PROLOGUE • 4

제1부
와인의 언어

장어 • 12
삼겹살 • 16
개 • 18
수직적 · 수평적 • 21
전기밥솥 • 25
아스팔트 • 31
영어 • 35
와인 공포 • 38
신의 발견 (1) • 41
신의 발견 (2) • 44
반려동물 & 반려물건 • 47
와인의 언어 • 52
브랜드바게트 • 54
한우 • 57
러닝화 & 워킹화 • 61
비타민C • 64
수박 • 67
고가 맥주 • 70
타이밍 • 73
자막 • 77
아이가 달라졌어요 • 80
눈약 • 84
충실한 와인 • 87
라벨 • 90
어른 • 92

제2부

안전 비용 & 서비스 비용

이름 • 96
무면허 운전 • 98
점쟁이의 오류 • 100
안전 비용 & 서비스 비용 • 103
교실 핸드폰 • 106
행복 • 108
점쟁이가 돈을 받는 이유 • 110
경비 • 113
점수 • 116
라면 • 118
생선 • 120
올림픽 • 123
글쓰기 • 126
친구 • 129
시(poem, 詩) • 131
합격 • 134
아침에 세탁 예약 • 137
CD기 • 140
기름값 • 143
만두 • 146
필라테스 • 150
과거, 현재, 미래 • 153
흐름 • 156
감기 • 159
게임 • 162

제3부

수요와 공급의 법칙

사과 & 배 • 168
선반 • 170
거품 • 174
리필 • 178
글씨체 • 182
환경 • 186
나무 • 189
경쟁 • 192
수요와 공급의 법칙 • 194
거시기 • 199
종목 • 203
오해 • 206
틈 • 209
안전띠 • 212
지우개 • 216
슈퍼맨 • 219
밸런스 • 222
썬팅 • 225
예수 얼굴 • 229
콩 • 232
배탈 • 235
짝퉁 • 239
장수 • 242
교통사고 • 245
계단 • 249

제4부

나의 실력 & 나의 경계

바둑 • 254
횡단보도 • 257
갑 & 을 • 261
샴푸액 • 265
바나나 • 269
사인펜 뚜껑 • 273
반사이익 • 277
핸드타올 • 281
포장 • 286
A4 • 291
객관식 • 295
건강 • 299
동물의 왕국 • 302
김밥 • 307
연탄 • 310
불편 • 315
나의 실력 & 나의 경계 • 318
밀림 • 320
금덩이 • 323
순대 • 326
조각 • 329
오뎅 • 332

EPILOGUE • 334

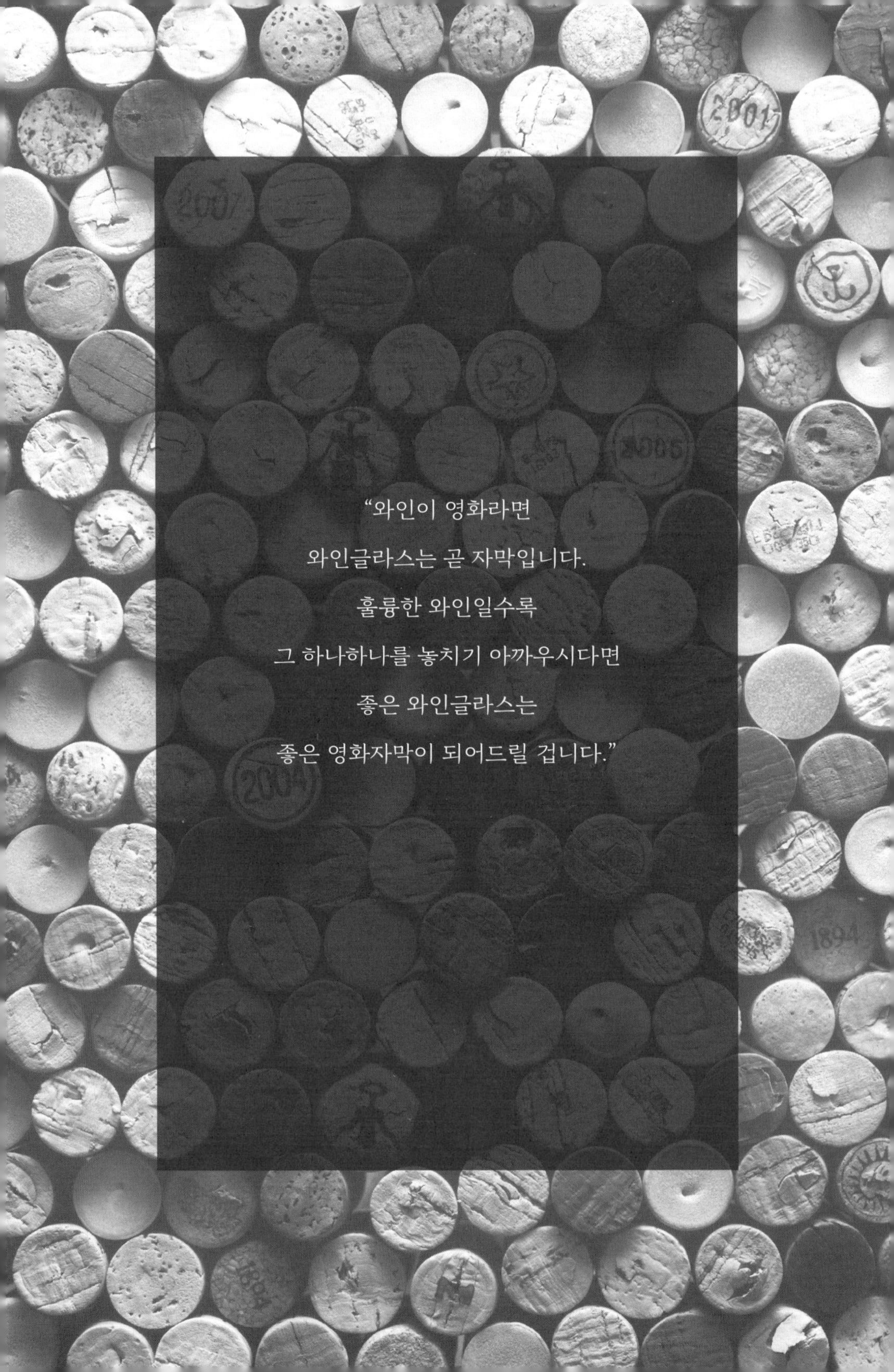

"와인이 영화라면

와인글라스는 곧 자막입니다.

훌륭한 와인일수록

그 하나하나를 놓치기 아까우시다면

좋은 와인글라스는

좋은 영화자막이 되어드릴 겁니다."

1부

와인의 언어

와인의 맛도 향기도 외부가 아닌 내부에 있습니다. 오직 흩어져 있는 퍼즐만 잘 맞추면 됩니다. 그런데 와인이 어려운 이유는 매한가지 포도임에도 불구하고 외부에 비춰진 다양한 포도 품종에 한 번 놀라고, 와인병 외부에 삽입된 익숙하지 않은 타국 언어와 그림들에 두 번 놀라서입니다. 우리들이 와인에 접근하는데 외부인이 어지럽게 만들고 있습니다. 와인은 진정 우리와 대화하고 싶어 합니다. 하지만 우리가 그들의 언어를 듣지 않으려할 뿐이지요.

장어

제가 평소 잘 가는 장어집이 파주에 있습니다. 장어 하나만큼은 건실하게 운영하고, 건강한 장어를 키우는 착한 장어집이라 나름 유명세를 타는 장어집입니다. 처음에는 비닐하우스에서 시작한 작은 장어집이 이제는 작은 도로를 가운데 두고 좌측 건물과 우측 건물 두 동으로 나뉘었습니다. 같은 상호를 사용함에도 불구하고 가격면에서 왼쪽 장어집이 오른쪽 장어집과 비교해 많이 비쌉니다. 그래서인지 가격이 상대적으로 저렴한 오른쪽 장어집은 주말의 경우 대기번호표가 100번대를 넘어섭니다. 같은 상호 같은 장어인데 왜 더 저렴함이 존재할까요? 우선 가격차의 이유를 찾기 위해 직접 양쪽 장어집을 다 가봤습니다.

그 결과 음식 가격 차이의 가장 커다란 이유는 바로 장어집 직원이 테이블마다 장어를 직접 구워주느냐, 아니면 기본만 차려주면 손님 스스로가 장어를 구워먹느냐의 차이였습니다.

우리나라는 어떤 상품을 선택함에 있어서 가격이 상품에 미치는 영향이 큽니다. 그래서 실용적인 면을 고려하여 '합리적이다'라고 생각하고 '착한 소비다'라고 읽으면서 상품을 선택합니다. 굽는 음식의 경우 장어처럼 소비자에게 일정 노력을 할당함으로 인해서 대상을 저렴하게 이용하는 경우가 있습니다. 하지만 모든 식사하는 자리에서 '셀프 가격'이 최선일 수는 없습니다. 만남의 자리가 어렵거나 중요한 경우에는 손님들 중 누군가가 열심히 굽기보다는 음식값을 더 지불하는 일이 있더라도 전문가가 고기를 구워주는 것이 좋을 때가 있습니다. 또한 우리가 간과하고 있는 것은 단순한 셀프를 떠나서 고기를 굽고 난 대상의 상태입니다. 손님들 중에 정말로 고기를 잘 굽는 사람이 있을 수는 있지만, 장어집에서 전문가가 구워주는 고기가 상대적으로 더 잘 구워져 있고, 숙련되어 있으며, 고기가 탈 염려도 없습니다. 셀프보다는 상대적으로 비싸지만 남이 구워주는 고기가 꼭 나쁘지도 않는 이유가 여기에 있습니다. 장어가 삼겹살에 비해 굽기가 어렵고, 더 숙련됨을 요하기 때문에 더욱더 전문가의 손길이 필요합니다. 또한, 우리가 피부로 와닿지 않을 뿐이지 삼겹살보다 장어가, 장어보다는 와인이 더 세심한 서비스가 요구됩니다. 우리는 와인을 잘 모릅니다. 그러기에 와인 소믈리에(와인 웨이터)에게 서비스를 제공받고 최상의 컨디션을 통해 그 와인을 마시는 겁니다.

우리나라의 장어 가격이 '재료비 + 임대료 + 인건비 + 서비스'로 요약된다고 했을 때 고급 레스토랑일수록 서비스의 비중은 높아집니다. 같은 업종의 장어집이라도 서비스가 좋을수록, 그리고 시설이 좋을수록 음식값이 비쌉니다. 그래서 동종업종의 장어집이라도 가격 차이가 날 수밖에 없습니다. 와인도 그러합니다. 레스토랑 와인 소믈리에가 와인 선택에 도움만 주고 나머지는 손님이 알아서 따라 마시는 곳이 있고, 와인 선택부터 마지막 잔까지 와인 웨이터가 케어해주는 레스토랑도 있습니다. 높은 서비스를 자랑하는 레스토랑일수록 와인을 수시로 적당히 느낄 수 있도록 따라주면서 완전 케어해주는 소믈리에가 있다는 것은 당연히 더욱더 서비스 비용이 높아질 수밖에 없습니다. 장어가 한 입에 들어갈 수 있도록 알맞은 크기로 구워서 그냥 먹기만 하면 된다면 손님은 업소로 하여금 대접을 받는 느낌을 더욱더 받습니다. 와인도 마찬가지입니다. 와인을 처음부터 끝까지 서빙해주는 소믈리에가 있다면 손님을 향한 최선의 접대입니다.

와인 모임이 많습니다. 모임을 주최한 운영자가 초대받은 회원 또는 참여자들이 직접 와인을 맥주처럼 따라 마시게 놔두는 모임이 있고, 정말 훌륭한 레스토랑 소믈리에처럼 한 잔 한 잔 정성스럽게 각각 따라주는 모임도 있습니다. 와인 가격과 음식 가격에 집념한 나머지 소믈리에 서비스가 상대적으로 가려져서 안 보일 수도 있습니다. 보이지 않았던 것이 점점 보여질 때 어려웠던 와인도 조금씩 보일 것이라 저는 확신합니다. 모임에 가시면 꼭 보십시오. 그 모임에 소믈리에가 있는지 없는지, 그리고 그곳에 와인이 있는지 술이 있는지 말입니다.

삼겹살

괜찮아 살 될 거야 우린 널 믿어 의심치 않아

삼겹살을 더욱 맛있게 먹는 방법에는 상당히 많은 변수가 작용합니다. 고기질, 굽는 장소, 고기를 굽는 사람의 평소 스킬, 기타 재료, 참석자들과의 호감, 굽기 위한 도구 등 다양한 요소가 적용될 겁니다. 상대적 환경으로 인한 차이는 우선 배제하고 같은 고기질일 경우 삼겹살 '불판의 헌신'에 대해 생각해볼까 합니다. 우리는 삼겹살을 즐겨 먹기 때문에 불판의 중요성을 잘 알고 있습니다. 일반 프라이팬이냐, 무쇠 솥뚜껑이냐, 숯불 석쇠냐, 옥돌이냐, 기름 잘 빠지는 불판이냐 등등 우리는 많은 경험적 감각을 통해 삼겹살 맛이 변함을 알고 있습니다. 삼겹살을 잘 모르는 외국인이 불판에 따라 삼겹살 맛이 틀려지는 것이 생소한 것처럼 우리 또한 와인잔에 따라 와인의 맛과 향이 틀려질 수도 있다는 것이 생소하게 들립니다. 와인 문화에 있어서 잔이 차지하는 비중은 삼겹살 불판과 같다고 할 수 있습니다.

우리가 삼겹살을 먹을 때 불판에 투자(?)를 하듯이 와인을 마신다고 한다면 와인잔에 투자를 해야 합니다. 물론 잔이 주는 새로운 느낌은 이 책의 뒤에서 자세히 다루겠습니다. 우선 와인잔과 불판의 입장에서 우리가 불판의 중요성을 아는 만큼 상대적으로 와인잔의 중요성만큼은 꼭 알려드리고 싶습니다.

개

개를 좋아한다는 사람이 있습니다. 그리고 와인을 좋아한다는 사람이 있습니다. 여기까지는 이상할 것이 없습니다. 개를 좋아하거나 와인을 좋아하고는 순전히 개인의 감정이기 때문입니다. 하지만 개를 좋아하는 사람들에게 강아지를 좋아하냐고 물으면 약간 멈칫거리며 대답하는 사람, 아니라고 대답하는 사람, 간혹 웃으면서 대답하는 사람이 있을 겁니다. 눈치 채셨죠? 개를 음식으로써 좋아하는 사람이 있고, 가족 반려동물로써 좋아하는 사람이 있습니다. 하지만 우리는 동일하게 좋아한다는 표현을 씁니다. 물론 개를 음식으로도 좋아하고 반려동물로도 좋아하는 사람들도 없지는 않겠지만 이 경우는 제외하고 말하겠습니다. 개를 음식으로 좋아하든 가족으로 좋아하든 좋아하긴 마찬가지이지만 이 글을 읽더라도 참 이상하게 들린다는 생각이 들 수 있습니다. 식용이나 반려견이나 좋아하기는 매한가지이지만 좋아한다는 대상물에 대한 태도의 첫 단추는 정말 다른 의미를 내포하고 있습니다. 강아지 입장에서는 우리가 거의 천사의 눈빛 또는 악마의 속삭임으로 갈림길에 처하기 때문입니다.

그럼 이제 와인을 두고 생각해봅시다. 우리는 와인을 식용으로 생각하세요? 아니면 반려동물처럼 생각하세요? 물론 동물은 살아있고, 와인은 물건이니까 비교 자체가 이상하다고 생각할 수도 있습니다. 하지만 방금 이상하다고 생각한 자체에서 보더라도 생명이 깃든 것은 당연이 물건취급해서는 안 된다는, 그래서 "생명을 경시하는 사상은 안 된다."라는 인간들의 의지가 들어있다고 생각이 듭니다. 하지만 실제 법에서는 강아지나 고양이를 고의로 다치게 하면 '손괴'라고 하여 물건취급을 합니다. 다시 한 번 생각해보겠습니다. 어색하게도 들리겠지만 와인을 살아있다고 생각하는 사람들이 있습니다. 말은 못하지만, 움직이지는 못하지만, 내가 돈을 주고 샀지만, 늘 마시지만 다른 인간이 만든 피조물과 달리 특별하게 여기는 사람들이 있습니다. 저도 그렇게 생각하고요.

강아지를 반려동물로 생각해서 집에서 키우고, 같이 자고, 생을 마감했을 때에는 인간처럼 무덤도 만들어주는 사람이 있다면, 반면에 이를 절대 이해 못하는 사람들도 있습니다. 그들은 강아지를 가족으로 여기는데도 말입니다. 강아지를 반려동물로 생각하는 사람처럼 와인을 반려동물처럼 여겨 단순히 식용이 아닌 정말 가족처럼 이야기하는 이들이 있습니다. 물론 "결국에는 가족을 마시는 것 아니냐?"라고 빈정거리는 사람들도 있긴 하겠지만 말입니다. 와인을 반려동물처럼 대하세요. 그러면 와인이 귀가 없고, 입이 없고, 손발이 없는 것 같지만 여러분과 더욱더 이야기를 하고자 합니다. 마냥 악귀(악마)로 보이던 당신이 천사의 모습으로 와인에게 보여집니다.

수직적 · 수평적

우리는 습관적으로 모든 것을 비교·평가하고 있습니다. 고의성이 있기보다는 먹고 살다 보니까 자연스레 그렇게 된 듯합니다. 개인 간이든 단체 간이든 경쟁은 사회를 발전시킨다는 자본주의적 프레임에 우리는 오랫동안 노출이 되어왔습니다. 저는 이렇게 비교하고 싶습니다. 날씨가 좋아 산책을 하고 있습니다. 하늘을 보면서 바람의 방향을 느끼고, 나무도 보면서 초록을 즐기고 있습니다. 하지만 저도 모르는 산책 이면에는 길목을 기어가던 개미들이 무수히 밟혀서 죽었습니다. 심지어 신발 밑창에 박힌 개미는 제가 걸어갈 때마다 조금씩 짓밟히고 있습니다. 과연 저는 이와 같은 사실을 다 알고 있었을까요?

지인들과 와인 여러 병을 구입하여 테이블 앞쪽에 나란히 전시해두고 운영자가 추천해주는 와인의 순서대로 천천히 마십니다. 이는 와인 모임에 있어서 일상적인 풍경 아닙니까? 산책을 하는 것처럼 말입니다. 하지만 와인 입장에서는 엄청난 스트레스이고, 다른 각도에서 본다면 사형수 같은 느낌일 겁니다. 산책로 개미들은 영문도 모른 채 떼를 지어 먹이를 열심히 나르다가 일부 동료들과 함께 짓밟혀서 죽었습니다. 저는 힐링을 하고자 산책한 것뿐인데 말입니다.

와인이 스트레스를 받는 것은 우리의 '수평적 비교', 즉 같이 참석(?)한 와인들끼리의 비교·평가 때문입니다. 우리는 와인을 마시고자 자연스럽게 나란히 세워둔 것뿐인데 말입니다. 그냥 산책을 한 것뿐이지 개미를 일부러 죽일 의도가 없었던 것과 같습니다. 일부러 가져온 와인들끼리 비교하려고 세팅한 건 아니지만 그 준비된 와인들을 마시면서 우리도 모르게 와인 맛 등을 비교·평가하게 됩니다. 사실 와인 참여자 서로 간에 와인을 마시면서 그다 할 말이 없어서 와인에 대해 이렇다 저렇다 말하는 이유도 있고, 함께한 이들 간에 서로의 주제를 찾다 보니까 은연 중에 궁시렁 궁시렁 이런 말 저런 말 내뱉다보면 와인을 비교·평가하는 자리로 귀결되기도 하지만 말입니다. 이는 승강기에 타면 탑승객 전원이 숫자가 바뀌는 LED를 멍하니 주시하는 모습과 유사합니다. 딱히 할 말이 없으니 어색하지 않게 어떤 행동이라도 하고자 하는 것과 유사하지요. 우리나라에서 와인을 마시는 풍경을 보면 "이 와인이 어느 나라에서 왔을까? 가격이 얼마일까? 향기가 이게 더 좋다! 이 와인병이 더 예쁘다!" 등등 이들을 나란히 놓고 끝나는 순간까지 비교합니다. 때로는 기분에 따라 숨은 용병이라고 해서 도네이션 와인도 나오기도 하고, 준비한 와인 중에 가장 비싼 와인은 나중에 마시고 등등 와인 입장에서는 와인 모임자리가 거대한 사형단두대나 마찬가지일 것입니다.

그래서 우리는 수직적 평가를 해야 합니다. 와인은 수평으로 나란히 서는 순간 긴장을 많이 합니다. 우리는 그들에게 긴장을 주지 않기 위해서 수직적 평가를 하면 됩니다. 우리도 단체미팅을 나간다고 생각해보겠습니다. 잘생긴 남자 또는 예쁜 여자, 못생긴 남자 또는 못생긴 여자 등등 서로가 서로를 비교합니다. '비교' 속에서는 아무리 잘생긴 사람들 속에서도 루저가 존재하고, 아무리 못생긴 사람들 속에서도 위너가 있게 마련입니다. 비교라는 술법이 이러한 결과를 무한히 반복시킵니다. 우리도 이렇게 비교를 당하면 싫지요? 물론 늘 잘생기고, 늘 예쁜 여자는 비교를 받는 세상이 공정할 수 있다는 예외를 제외하면요.

와인을 볼 때 수직으로 봅시다. 다른 참여자 와인 이야기는 다음에 하세요. 와인을 말할 때 그 와인에 대해서만 이야기하면 됩니다. 가령 "처음에는 이러했는데 점점 갈수록 이러하더라! 이러한 느낌이 점점 다가오더라! 이런 부분이 좋더라! 빛깔

이 이러이러하더라!"라고 말입니다. 그리고 다음 와인을 마셨을 때는 같은 방식으로 이야기하면 됩니다. 여담이지만 모임의 성격 또는 와인의 주제에 따라 와인을 조금씩 와인잔에 따라가면서 반복적으로 와인을 마실 수 있는 경우가 있습니다. 그럴 경우 사전에 충분히 '와인들'에게 수평적 평가가 아닌 수직적 평가임을 꼭 알려줘야 합니다. 잘못하면 와인에게 오해를 받을 여지가 있습니다.

전기밥솥

그대 생일날 따뜻한 밥 한 번 못해주고

전기밥솥에는 그 종류가 크게 두 가지로 구분됩니다. 아마도 베이비붐세대는 두 가지로 기억하시고, 88올림픽 이후 세대는 한 가지라고 기억하실 겁니다. 하여 전기밥솥의 경우를 두 가지로 구분하면 단순히 전기를 연결해서 밥하는 방식이고, 다른 방식은 같은 전기를 이용하되 압력의 기술을 이용하여 밥을 짓는 방식입니다. 그 전에는 가스나 연탄 등을 이용하여 냄비 또는 일반 압력밥솥에 밥을 지었으나 간편하고 보다 안전한 전기에너지가 활용되면서 이를 이용한 전기밥솥이나 전기압력밥솥이 개발되었습니다. 여기서 와인과 비교하는 것은 와인을 생산함에 있어서도 밥처럼 아궁이, 압력밥솥, 전기밥솥과 같은 개념으로 생산하기 때문입니다. 물론 와인을 생산함에 있어서 직접적으로 밥솥을 사용한다는 이야기는 아닙니다. 와인 원액이 와인 병에 병입되는 순간을 우리가 주식으로 먹는 밥과 비유하기 좋아서 그렇습니다.

언제부터인가 우리는 국내산이면 좋은 쌀로 여겨지게 되었습니다. 예전에는 임금님표, 해풍미 등등 지역 상표에 따라 쌀 가격 차이가 있었거든요. 물론 지금 마트에 가도 쌀 가격에 다소 차이가 있긴 하지만 옛날에는 지금보다 더 다양한 종류가 있었고, 1천원이라는 작은 차이에도 쌀의 종류가 훨씬 많이 나눠지기도 했습니다. 하지만 지금은 예전보다 그 차이가 상대적으로 많이 줄었고, 심지어는 수입산이 아닌 국내산 쌀이면 'OK'가 되었습니다. 그 이유는 전기압력밥솥 때문입니다. 밥이 식었을 때는 모르겠지만 방금 밥을 했을 때 어느 상표의 쌀을 사용했는지 여부를 떠나 밥알의 차이가, 밥맛의 차이가 거의 없게 느껴지기 때문입니다. 냄비밥 또는 아궁이 등을 이용할 때에는 쌀의 종류가 밥맛에 미치는 영향이 상당히 컸습니다. 그래서 쌀 생산지역이나 쌀 상표에 상당한 차이가 있었습니다.

하지만 하드웨어, 즉 밥을 하는 도구와 기술이 발전하여 쌀들의 차이점이 많이 줄어들었습니다. 식은 밥이 아닌 금방 밥을 해서 바로 먹는다면 그 맛이 다 비슷하게 느껴져서 상관이 없거든요. 그래서 우리는 비싼 쌀을 선택하지도, 골라 먹지 않아도 되는 장점을 얻었습니다. 물론 단점은 밥솥 가격과 전기를 사용해야 한다는 단점이 있습니다. 열을 내는 원리이기 때문에 전기값이 많이 들며, 어떤 전기압력밥솥을 구입하느냐에 따라 전기값 차이가 나기 때문입니다. 또한 밥솥의 가격도 무시를 못합니다. 밥솥 용량, 디자인, 열처리 방식, 소프트웨어에 따라 가격이 천차만별이기 때문입니다. 그래서 밥을 하기까지 초기 비용, 즉 밥솥 가격에 따라 밥맛이 많이 차이가 나게 됩니다. 과거 냄비와 가정용 솥단지와 비교했을 때에도 전기압력밥솥은 여전히 저렴하지 않습니다.

와인도 그러합니다. 와인을 생산함에 있어서 아궁이 또는 냄비 방식을 사용하여 와인을 생산하는 곳이 있고, 전기압력밥솥 또는 전기밥솥을 이용하여 와인을 생산하는 곳이 있습니다. 전자의 경우 저는 아날로그 생산방식이라고 부르고, 후자를 디지털 생산방식이라고 부릅니다. 물론 중간도 있습니다. 압력이 안 되는 전기밥솥은 디지털에 가깝고, 압력밥솥은 아날로그에 가깝습니다. 아날로그 방식은 아궁이나 냄비밥처럼 포도, 포도의 주변 환경, 강우량 등 여러 가지 자연적 요소에 민감하게 작용하고, 여기에 장인이 오랜 노력과 경험을 더해 와인을 생산합니다. 디지털 방식은 전기압력밥솥, 즉 도구에 상당한 투자를 하여 사람의 인력보다는 컴퓨터 등을 이용한 기술적 요소에 포커스를 두고 합니다. 아날로그 방식과 디지털 방식의 와인 가격이 같다고 했을 때 전자는 인건비 등에 많은 비용이, 후자는 전자

설비 등에 많은 비용이 소요됩니다.

소비자가 같은 와인을 구입하더라도 생산자 입장에서는 와인 판매 수입에 따른 분배가 사뭇 다를 수 있습니다. 아날로그쪽 생산자와과 디지털쪽 생산자는 서로 간의 와인 경쟁을 계속 이어갑니다. 아날로그쪽 생산자는 인건비나 아날로그의 범위를 넘지 않는 선에서 기계의 도움을 받아 가격을 낮추려고 하고, 디지털쪽은 대량생산 등을 통하여 와인 가격을 줄이려고 합니다. 그래서 그 경쟁으로 인한 다소의 작용과 부작용이 있습니다. 작용에 있어서는 과거 비쌌던 와인 가격이 대량생산을 통해 생산되는 와인과의 경쟁을 통해 가격 거품이 점점 없어져 갔다는 겁니다. 그리하여 소비자는 보다 저렴하게 좋은 품질의 와인을 얻게 되었습니다. 부작용에 있어서는 대량생산을 통해 만들어진 와인이 도리어 아날로그보다 비싸지는 역전현상이 점점 늘어나고 있습니다. 갑작스런 인기가 평론가 등을 통해서 좋은 평가를 받았을 경우 와인 독자적인 가격이 형성되어 스스로 가격에 거품이 생기는 경우입니다. 이럴 때 구입자로써는 가장 슬픕니다. 이때 가격경쟁에 밀린 아날로그 와인들이 출혈 판매로 이어질 경우도 있고, 아날로그 기반 와이너리가 점점 사라지거나 수익성이 보장될 거라고 생각하여 디지털 기반 와이너리로 변해가는 경우도 있습니다.

반대로 대량생산을 고집하던 와인들이 아날로그처럼 특화되어 있는 경우도 있는데, 이 경우는 가격의 거품이 더욱더 더해져서 와인 시장 교란에 한몫을 합니다. 소비자 입장에서 합리적인 소비를 할 경우 이런 경쟁의 부작용이 없을 텐데 우리는 합리적 소비에 이르기까지 많은 시행착오(施行錯誤)가 있고, 와인에 접근하는 방법이 다소 부족하기 때문에 와인에 대한 오해나 오류가 점점 늘어납니다. 물론 중간 와인도 있습니다. 애당초 아날로그와 디지털의 중간에 있어서 너무나 기계적이지 않게, 한편으로는 너무나 인건비 등의 낭비가 없게 중도에서 말입니다. 이런 와이너리도 많은 고심이 있었을 겁니다. 대부분 이러한 것이 아날로그를 지향하다가 현실에 직면하기 때문입니다. 하지만 이를 단점이라 하지 않고 잘 아날로그를 지켜나가는 정도까지만 디지털을 이용하여, 그리하여 좋은 와인을 생산하는 것까지만 사용하는 곳도 있습니다. 아날로그 와인과 디지털 와인은 어쩌면 구대륙 와인과 신대륙 와인으로 일정한 만큼 매칭이 됩니다. 아날로그 방식은 구대륙쪽에 많으며 신대륙쪽에는 디지털 방식이 많습니다. 신대륙은 신대륙 나름대로의 영역이 있고, 구대륙은 구대륙 간의 영역이 존재하지만 평소 와인을 구매하고 즐기는 사람이 아닌 이상 그 실익을 따지고자 하지는 않을 겁니다.

내가 먹는 밥이 냄비로 지은 밥인지 전기압력밥솥으로 지은 밥인지를 떠나서, 어쩌면 와인을 수평적 비교가 아닌 수직적 비교를 통해서 와인 간 비교가 아닌 '너 하나만으로써 와인'을 기준으로 본다면, 아날로그 와인이라서 몸에 더 좋고, 디지털 와인이라 해서 몸에 덜 유익한 것은 아닙니다. 더욱이 아날로그 와인이라 해서 가격이 비싸고 디지털 와인이라 해서 싸구려라는 오해의 불식도 당연히 없어집니다.

아스팔트

판교를 가보신 적이 있습니까? 여전히 공사, 공사, 공사! 최근에는 도로 깔기에 참으로 바쁩니다. 저는 개인 승용차로 출근을 하는 처지이고, 서울외각고속도로를 자주 이용합니다. 많은 차들이 이용하는 관계로 차량정체는 수시로 있고, 교통사고 또한 본인이 원치 않게 많이 목격하게 되며, 그로 인한 여파도 가끔 느끼고 있습니다. 한 번은 평상시처럼 쭉 운전을 하고 있는데 평상시보다 자동차가 하늘을 나는 것처럼 조용하게 쭉 미끄러지듯이 달리는 겁니다. 운전을 하다 보면 아주 가끔 겪는 일인데 이럴 때마다 참 기분이 좋습니다.

누가 저를 비행기에 태웠을까요? 비행기는 바로 아스팔트 도로 포장입니다. 간밤에 판교 인근의 긴 구간을 열심히 도로 복구 차원에서 공사를 한 모양입니다. 자주는 아니지만 가끔 아스팔트 포장 공사를 하고 나면 차가 어찌나 잘 달리는지 모릅니다. 물론 자동차의 승차감을 좋게 하기 위한 여러 기술이 존재합니다. 자동차 자체도 좋아야 하겠지만 안정된 승차감을 위해서 타이어도 잘 선택해야 하고, 이에 적지 않은 돈을 별도로 자동차에 투자하기도 합니다. 승차감에 더욱더 민감한 분은 자동차 출고 즉시 바퀴를 교환해서 운행하는 사람들도 있긴 하지만 말입니다. 그러나 기존 낡은 아스팔트를 리모델링하니까 이런 사사로운 투자들은 미약해보입니다. 새로 깔린 아스팔트에서 자동차가 달린다는 것은 새 타이어를 장착한 것보다 더, 그리고 성능 좋은 리무진을 타는 것보다 더 쫙 미끄러지듯 승차감 있게 자동차가 달리니까요.

와인도 내적으로 좋고 하더라고 외적 요인으로 충분히 좋게 바뀔질 수 있습니다. 자동차 그 자체가 좋고 맞춤형 타이어가 합세한다면 더할 나위 없는 승차감을 자랑하는 것과 마찬가지로, 남들이 다 좋다고 하여 이미 가격대가 상대적으로 높게 형성된 와인이라도 주변 외부 환경, 즉 외부적 노력 여하에 따라 충분히 좋아질 수 있는 여지가 있습니다. 첫 번째로는 디켄딩을 정성어리게 잘하기, 두 번째로는 좋은 와인잔 사용하기, 세 번째로는 와인에 대한 나 자신의 가치관 전환입니다. 물론 자동차 도로 전 구역이 새 길이 아니기 때문에 좋은 타이어를 장착하면 주행시 상대적으로 낡은 아스팔트에서도 우수한 승차감을 얻을 수 있다는 것을 경험적으로 압니다. 이는 어느 정도 가격대가 있는 와인일수록 뭘 어떻게 마셔도 상대적으로 그 맛이 보장된다는 경험적 말과 비슷합니다. 하지만 우리가 와인의 컨디션을 늘 새로 포장한 아스팔트처럼 외부적 노력에 힘입어 그 조건을 형성할 수 있습니다. 그렇다면, 그 방법으로는 와인이 가장 좋은 컨디션을 지녔을 때 그 구간이 비록 찰나이겠지만 시간 내 여러 사람과 같이 마신다면 해결됩니다. 이는 저렴한 와인일지라도 컨디션을 최상으로 만들어서 여러 사람과 빨리 마시면 된다는 말과 상통합니다.

와인에 대한 가치관과 그 와인에 대한 디켄딩, 그리고 와인잔이 하모니가 된다면 최상의 와인으로 화장하기에는 충분합니다. 적절한 와인 타이밍을 간접 경험하고 싶으세요? 포장이 잘된 아스팔트 구간을 자동차로 달려보세요. 새 차처럼, 그리고 성능 좋은 차처럼 비행하는 느낌을 자신의 차를 통해 느끼게 됩니다. 물론 물리적 한계로 인해 일부 구간만 그러하겠지만, 와인도 충분히 일부 구간을 잘 찾는다면 충분히 저렴한 와인이라도 최상의 맛을 느낄 수 있습니다. 아참, 한 가지 더 곰곰이 생각할 것이 있다면 "새로운 아스팔트에 좋은 타이어는 더 좋지 않을까?" 하는 겁니다. 그럼요, 위에서 잠시 소개된 것처럼 최고입니다. 하지만 새로 포장된 길이 주는 승차감 영역의 크기가 좋은 타이어의 승차감 영역의 크기보다 훨씬 크기 때문에 타이어가 주는 상대적 승차감은 그만큼 작아질 겁니다. 아무리 좋은 와인도 디켄딩에 대한 가치관이 배제되어 있고, 이를 표현할 와인잔도 간과되어 정말 하모니가 되지 않는다면 좋은 와인도 보통 와인이 되니까요. 여담이지만 와인에 대한 평가를 그 와인에 대해 두지 말고 우리가 만들어가는 건 아닌지 하는 생각도 조심스럽게 생각합니다.

영어

그대 앞에만 서면 왜 그리 작아지는지

우리는 참으로 열심히 영어공부를 합니다. 다들 그렇게 배웠고, 그렇게 평가를 하다 보니까 그것이 영어공부의 전말이고, 그 결과에 따른 혜택과 평가를 대신 받고 있습니다. 우리는 대부분 시험을 치름에 있어서 종이를 사용한 '객관식 시험방식'을 많이들 선택했습니다. 물론 듣기 평가를 시행하기도 하지만 그래봐야 '종이 객관식'의 변형에 지나지 않습니다. 보다 많은 사람들을 쉽게 평가하고 최대 효과를 따지다 보니까 '종이 객관식'이 가장 투명하고 시간적·물리적·공간적·비용적으로 볼 때도 가장 최선으로 보입니다.

우리는 와인도 영어처럼 배웁니다. 종이로 배웁니다. "종이로 배워요!"를 말하고 싶어서 이 글을 쓰는 것은 아닙니다. 영어공부의 방법론에 있어서 종이로 귀결되는 한 가지 방식을 언급하고 싶어서입니다. 그리고 와인도 그리하여 말하고 싶습니다. 우리는 영어를 '문법'으로 접근합니다. 와인도 이와 유사하게 접근합니다. 회화를 한다고 하지만 그래도 종이에서 벗어나지 못하는 문법 같은 회화를 하고 있습니다. 우리는 암기식 와인을 하고 있습니다. 문법을 통해서 와인을 배우고 있습니다. 물론 저도 그렇게 와인을 접했지만 처음엔 그러한 방법이 잘못된 접근 방법인 줄은 몰랐습니다. 주변에서도 다 그렇게 하니까요. 물론 그 방법이 왜 나쁘냐고 하는 분들도 많을 겁니다. 방법론에 있어서 길이 틀릴 뿐이지 '오답'은 아니라고 말입니다. 네, 인정해요. 저는 제 나름대로의 다른 방법론을 제시하는 것이고, 저는 그 방법론이 확실히 정답이라고 생각합니다.

저는 우선 와인에 있어서 '문법적 접근'이 아닌 '말로 접근'했으면 하는 바람이 있습니다. 그리하여 우선 '와인 문법'이 아닌 '와인 말'을 배워야 한다고 생각합니다. 그러면 문법은 자동으로 체득됩니다. 나파 벨리(Napa Valley)가 어느 나라에 있고, 소노마 벨리(Sonoma Valley)가 어디에 있는지는 책을 찾아보는 방법이 가장 빠릅니다. 하지만 만약 그곳을 가봤다면 머리로 외울 필요가 없습니다. 가봤으니까 당연히 몸으로 배워 아는 겁니다. 하지만 절대 와인을 몸소 알라고 여행을 떠나라는 것은 아닙니다. 책을 통해서보다는 경험을 통해서 배우는 것이 더 좋다는 것입니다. 대부분의 정보를 우리가 책을 통해서 배우는 버릇이 있다 보니까 책이 첫 단추가 되는 경우가 많습니다. 하지만 우리는 '입시공부'를 하는 것이 아니잖아요? 좋은 표현은 아니지만 '취미공부'입니다. 좋은 표현으로는 취미를 발전시키고 즐기려는 과정입니다. 그래서 그만큼은 일반 공부하는 방법처럼 하지 않았으면 하는 바람입니다. 금세 취미가 암기과목이 되고, 또 그렇게 얻은 지식은 금방 잃어버립니다.

아이러니하게 취미로 습득한 것을 지식이라고 표현하는 것이 또한 아이러니합니다. 우리에게 있어서 취미는 취미대로입니다. 개인적으로 저는 와인과 대화를 위해, 그래서 와인 말을 배우고자 모임에서 블라인드 테스팅, 즉 와인의 라벨을 가리고 마시는 것을 합니다. 물론 와인의 말을 배우는 법은 다소 생소합니다. 현실적으로는 와인이 대화를 해야 말을 배우는데 말입니다. 물리적으로 와인병의 입구는 말을 하기에는 우리 입보다 좁아 보이기만 합니다.

와인 공포

Chateau Citran 2014, Haut-Medoc AOC, Cru Bourgeois Superieur, France.

Castillode Perealada 2013, Emporda Spain.

Carmel Road Monterey Pinot Noir 2013, Monterey County California USA.

위는 3개의 와인리스트입니다. 레스토랑 메뉴판이든 와인 모임을 가든 이렇게 쓰여 있는 와인리스트를 보면 어떤 생각이 듭니까? 사람들마다 느끼는 방향은 틀려도 공통적으로 “이거 뭐야?”입니다. “뭔가 어지럽게 쓰여 있어 분명 와인이니까 이름이 있을 텐데 왜 이렇게 길어? 어디가 이름이고 정말 이게 다 와인

이름인가? 사람들은 어찌 외우고 주문할까? 삽화라도 있으면 조금 쉽게 다가갈 수 있겠지만 막상 이렇게 타이틀만 본다면 나만 모르나?" 하는 공포가 밀려옵니다. 생소함이 포함된 '사회적 난해함'의 공포입니다. 가뜩이나 와인은 다른 술에 비해 비싸고 낯선데 이름부터 장황하니 말입니다. '참이슬, 처음처럼, 장수막걸리'처럼 간결한 것이 우리 상표의 일정한 규칙성입니다. 그런데 와인의 세계, 즉 여기는 도저히 조합되지 않은 배열로 갑갑하게 느껴집니다.

물론 와인에 대한 열의가 있는 사람들은 찾아봅니다. 그러나 다수의 사람들은 이러한 와인리스트가 와인에 대한 장애물로 등장해 와인에 대한 접근성을 어렵게 합니다. 한때 저도 이렇게 난해하게 와인을 표기하는 것이 모임 '룰(Role)'이고, '정석'인 줄 알았습니다. 하지만 지금은 아닙니다. 괜히 모임 주최자는 와인에 대해 많이 아는 것 같은 느낌과 전문가로 포장된 사람으로 보이게 하는 '툴(Tool)'에 지나지 않고, 어려운 것을 제시하면서 와인 모임에 참석한 이들을 기죽이는 것밖에 되지 않는다는 것을 느꼈습니다. 어떤 이들은 이런 난해한 이름이 이국적이고, 신비스러운 느낌을 주기에 기분이 좋아진다고 합니다. 특히 고가 와인을 마시는 사람이면 사람일수록 쉽게 설명되어 있는 와인보다는 엄청 길고, 도무지 알 수 없을 정도로 스펠링이 나열되어 있을 때 더 높은 만족도를 갖는 경우도 있습니다.

한편으로 와인을 쉽게 표현하면 쉬운 모임이고, 그냥 저렴한 대형마트 와인 같은 느낌을 준다고 해서 싫어하거나 품격에 맞지 않다고 여기는 사람들이 있습니다. 저도 간단히 한글로 리스트를 쓰면 쓰기는 편하지만 와인에 대한 신비감이 걷혀 참석자들의 호응이 상당히 떨어지는 경우를 보았습니다. 그래서 저는 리스트를 공개하지 않고 블라인드 테스팅을 고집하여 모임 참여자들과 함께 와인을 마십니다. 물론 일부 와인 애호가들은 와인리스트를 미리 공개하지 않는 것은 모임 참석자에 대한 기만이고, 와인 비용을 터무니없이 받는 하나의 수단이라고 맹공격하는 경우가 있습니다. 하지만 이 정도 열성과 노력을 가진 주최자가 투명성을 무시했다고 할 수는 없을 겁니다. 블라인드를 준비하는 것이 더 힘든 작업이니까요. 제가 만약 와인을 배우는 입장에서 블라인드를 고집하는 주최자를 진작 만났더라면 저는 진작 '행운아'였을 겁니다. 블라인드는 와인의 속살을 '먼저' 보여주는 최선의 방법입니다. 순서만 바꿔도 '와인 공포'는 점점 뒷전이 됩니다.

신의 발견 (1)

예수님이 십자가에 못 박혀 돌아가신 이후 제자들은 최후의 만찬을 치르기 위해 약속장소로 다급하게 달려갑니다. 가는 도중에 베드로는 한 젊은이를 만나게 됩니다. 뜻이 맞았고, 대화도 통하고, 그와 함께하는 것이 가는 동안 즐거웠습니다. 약속의 장소에 거의 도달했을 때 베드로는 크게 놀랍니다. 지금까지 자신과 같이 동행했던 그 젊은이가 바로 부활한 예수이기 때문입니다. 예수를 못 알아본 이유는 "죽었는데 부활하겠어?"라는 사실이 크게 작용을 했고, 성서에서는 "눈이 어두워 보지 못했다."라는 표현을 했습니다. 예수가 못 보게 한 것인지 베드로가 알아보지 못한 것인지 알 수는 없습니다.

와인을 마시다 보면 자신이 무엇을 마시는지 모르는 경우가 있습니다. 일상처럼 분명 눈앞에 두고 마실 때에는 그냥 와인이 눈앞에 보입니다. 하지만 블라인드 테스팅용으로 준비된 와인, 또는 레스토랑에서 추천된 하우스 와인이 잔으로 나왔을 때에는 와인 라벨이 보이지 않기 때문에 우리 눈앞에 있는 와인은 전혀 다른 존재로 우리에게 다가섭니다. 우리가 와인을 몰라서 그런 것인지, 아니면 와인이 자신을 숨겨서 그런 것인지, 와인을 처음부터 잘못 배웠는지, 아니면 와인 스스로가 도도하여 정말 어려운 것인지 말입니다. 어쩌면 우리는 우리가 늘 익숙한 방식인 객관식 문제처럼 와인을 풀어왔을지 모릅니다. 미리 답을 체크해두고 마시기를 계속 반복하면서 말입니다. 더 잘못된 길을 걷게 되면 무조건 답까지 외우는 경지(와인 맛을 외우는 경지)까지 이르게 되지만 말입니다.

와인에 답을 써놓고 배우는 사람은 처음에는 빨리 배우는 것 같지만 시간이 흐르면서 망각의 속도에 비례하여 계속 잊게 되고, 잊은 만큼 다시 계속해서 와인을 외워야 하는 사태가 옵니다. 잠시 한눈을 팔거나 흥미가 줄어들게 되면 그때는 다시 원점으로 돌아오게 됩니다. 이는 시험을 볼 때 벼락치기를 하는 것과 같습니다. 와인은 수학처럼 문제를 스스로 풀어가면서 알아나가야 합니다. 이는 수학시험을 볼 때 다소 모르는 수학문제가 나와도 평소 이런 저런 문제를 많이 풀어봤다면 이를 응용하여 답을 찾아가는 것처럼 어느 장소 또는 어느 모임에서도 처음

보는 와인이란 새로운 현실에 직면했을 때도 스스로 와인을 음미하고, 그리고 기존 마셔왔던 와인과 매칭을 하는 과정과 다소 시행착오를 거치면서 생소한 와인도 풀어가는 겁니다. 답을 미리 봐서도 안 됩니다. "언제든 스스로 할 수 있다."라는 자신감이, 그리고 그 성취감이 떨어질 수도 있기 때문입니다. 단지 이를 알려줄 길잡이만 잘 찾으면 됩니다. 수학처럼 와인을 배운 사람이 길잡이가 되는 겁니다. 힌트만 주면 됩니다. 정답으로 이끌도록 말입니다. 그러나 이런 길잡이를 찾기 힘들고, 대부분 모임을 가더라도 와인 라벨을 보여주고 시작합니다.

사실 와인을 블라인드를 하면서까지 와인을 마시는 과정 속에서 회원들 또는 참여자들이 와인을 알아가게끔 이끌고 갈 수 있는 길잡이를 찾기란 참으로 어렵습니다. 혼자 와인을 배운다는 느낌은 수학문제집이 있는데 문제만 있고 답안지가 없는 것과 다를 바 없습니다. 와인 길잡이를 찾는 것이 와인에 다가서는 가장 빠른 지름길이 아닐까 합니다.

신의 발견 (2)

어머니 마리아와 아버지 요셉은 아들 예수가 '신의 아들'인 것을 알고 있었습니다. 하지만 이를 숨기고 아들에게 부탁을 하거나 혜택을 요구하지는 않았습니다. 하루는 잔치가 있었습니다. 마리아는 와인이 충분하다고 생각했는데 와인이 잔치가 끝나기도 전에 동이 나고 말았습니다. 다급한 어머니가 아들한테 와인이 떨어졌다고 말합니다. 이에 당황한 아들이 "이러시면 아니 되옵니다."라고 했지만 마리아는 다급한 나머지 부탁을 했고, 이에 물을 와인으로 변화시키는 기적을 일으킵니다.

와인을 마셔본 손님이 이런 말을 합니다. "보통 맛있는 와인을 미리 내오고, 맛없는 와인을 뒤에 내기 마련인데 여기는 술이 다 취해서 맛도 보기 힘든 마지막에 이렇게 맛있는 와인을 내오다니 신기하네요."라고 말입니다. 우리는 여러 와인을 마실 경우 메인(제일 좋거나 비싼) 와인을 맨 뒤에 마십니다. 한편으로는 더 취하기 전에 더 좋은 맛을 느끼기 위해서 늦게 마시는 것이 더 좋을 듯합니다. 그런데 왜 메인 와인을 뒤에 마실까 하는 의문이 있었습니다. 물론 와인 모임 주최자가 특별한 의도가 있어서 그러한 것은 아니고, 그냥 "제일 비싸고 좋은 것은 나중에 먹는다."라는 일반적인 '룰'에 따라 뒤에 마시는 것 같습니다. 이름하여 '히든카드'처럼 말입니다. 어떤 주최자는 와인의 디켄딩 때문에 다른 준비된 와인들을 먼저 마시면서 여유를 갖고 기다리는 것에 의미부여를 하는 이들도 있습니다. 하지만 전자의 의미로 그냥 갖고 온 와인들 중에 메인이고, 가격면에서 비싸니까 마지막에 배치한 듯합니다. 그래서 우리는 '아딸딸한' 느낌 속에서 제일 좋은 와인을 마시게 됩니다. 적당히 '아딸딸하면' 모르겠지만 정말 혀가 마비되어서 '겔겔거릴' 때 마시게 되면 정말 무슨 와인 맛인지 모를 때도 있습니다.

하지만 저는 특별한 이유로 좋은 와인을 맨 뒤에 둡니다. 앞서 신약성서에 나온 예수의 기적을 되새기기 위함이라고 할 수 있습니다. 신앙을 돈독히 하고자 하는 의미가 아니고, 이 와인이 기적의 산물이고 우리는 '이것을 마신다'라는 느낌에서 '기적을 마신다'라는 의미로 말입니다. 물론 신앙이 있으신 분은 '신의 재발견'으로 생각하셔도 괜찮다고 생각합니다. 저는 미리 와인을 열어둡니다. 그래서 와인을 가장 적절한 타이밍에 마실 수 있도록 합니다. 제일 좋은 와인은 나중에 마실 것을 염두에 두고 와인을 열어둡니다.

다른 주최자들이 저처럼 하면 모르겠지만 그냥 제일 좋은 와인을 뒤에 마시는 것이기에 그동안이 어쩌면 와인이 열리는 과정일 수도 있습니다. 메인 와인을 마시기 전에 마시는 와인들은 와인을 열어두지 않아서 우리는 아직 꽃피기도 전의 와인을 마시다가 나중에 메인 와인을 마심으로 인해서 극대적인 와인 맛을 알게 되는 경우도 있습니다. 메인 와인을 마신 뒤에 도네이션 와인이 존재할 경우는 더욱더 극악적입니다. 디켄딩이 전혀 안 된 상태에서 '짠' 하고 기분에 따라 내놓는 와인은 정말 '알코올 보충용 와인'이 될 수 있기 때문입니다.

반려동물 & 반려물건

와인은 1820년 이전에는 술이 아닌 음료였습니다. 한 화학자가 와인도 맥주와 같은 알코올이 들어있다는 발표를 했을 때 충격을 받았다고 합니다. 와인은 일반 술과 달리 특별하다는 생각이 깔려있기 때문입니다. 그리고 예수의 피가 술이라니 종교계가 발칵 뒤집혀졌습니다. 지금은 와인을 술로 분류합니다. 그래서 우리는 술에 대한 주세를 지불하고, 세계 어느 나라와 비교를 해도 상당히 많은 주세를 지불합니다.

이제 와인이 술이 아닌 것이라 부르는 사람은 거의 없습니다. 그래서 그런지 맥주나 소주처럼 마십니다. 와인도 술인데 다를 것이 뭐가 있는가? 양주처럼 비싼 술로 그냥 즐깁니다. 마시고 취하는 것은 다를 것이 없기 때문입니다. 와인도 알코올 도수가 있어 맥주보다는 빨리 취하고 양주보다는 덜 취하는 정도이고, 색깔도 커다란 이유가 없으면 대부분 빨간색이고, 나머지는 열은 흰색이라 생각하면 편합니다. 와인을 일반 술로 생각하면 그냥 술이고, 그냥 취하는 도구일 뿐입니다.

하지만 저는 좀 특별히 생각합니다. 신의 최고의 작품이 인간이라면 인간의 최고의 작품은 단연 와인이라고 표현하는 사람들이 많습니다. 물론 동양권이라서 공감은 안 되겠지만 이와 비슷하게 술이 인간의 걸작이라는 표현은 합니다. 지금은 최고의 작품이 알파고(컴퓨터)가 아니겠냐고 하겠지만 인류 세월의 역사를 포함한다면 와인이 최고의 작품이었던 기간이 훨씬 깁니다. 저는 신이 인간에게 인격을 주었듯이 와인에게 '와격(와인 인격)'을 주고 싶습니다. 신이 인간의 모습으로 창조, 즉 심의를 기울여 만들었다면 술도 그러하지 않을까 하는 생각이 듭니다. 신의 영혼이 인간에게 깃들었다면, 인간의 영혼 또한 술에 깃들었다고 할 수 있기 때문입니다. 다른 관점으로 생각해봅니다. 우리는 애완견, 즉 애완동물을 키우고 있습니다. 언제부터인가는 평생을 함께하는 존재로써 반려동물이라는 표현을 쓰기 시작했습니다. 남들에게는 그냥 동물일 뿐이지만 그들에게는 가족이 됩니다. 그리고 반려동물과 함께하면서, 반려동물을 쓰다듬으면서 기쁨과 행복과 사랑을 느낍니다.

와인도 어떤 이에게는 그냥 술일지 모르겠지만 다른 이에게는 반려동물과 같은 느낌을 갖는 사람이 있습니다. "반려동물은 동물이고, 와인은 동물이 아닌데 어찌 같을 수 있지?"라고 말하는 사람도 있을 수 있습니다. 하지만 와인은 마냥 돌멩이처럼 물건이 아닙니다. 동물에 비해 표현력이 현저히 떨어지긴 하지만 많은 사람들은 알고 있습니다. 와인은 살아있다고 말입니다. 일반인 눈에는 그냥 눈 쌓인 얼어붙은 겨울 들판이 처량해보이고 죽어있는 것처럼 보일지라도 농부 입장에서는 에너지가 응축해있는 들판으로 보입니다. "땅속의 역동감이 곧 봄에 피어날 것이다."라는 강한 믿음을 갖고 말입니다. 또 다른 사람들은 이렇게 말합니다.

"반려동물을 먹는 사람은 없다. 와인을 마시면서(먹으면서) 같이 하지 와인을 존재로써 평생 같이 하는 사람은 없다. 반려동물처럼 생각한다면서 와인을 마시지 않는가?"

물론 이렇게까지 1 : 1 비교하듯이 질문을 하면 난감하기는 합니다. 그리고 이 말을 꺼내는 사람은 주변에 같이 있는 사람들의 공감을 얻으면서 웃으면서 말을 하겠지요. 어쩌면 약간 조롱 섞긴 눈빛으로 보는 사람도 있을 겁니다. 하지만 저는 이렇게 생각을 합니다.

"당신 눈앞에 있는 와인 1병이 뒤로는 수만 병에 이르고 앞으로 만들어질 와인 또한 해마다 거듭날 것이다. 미시적 관점에서는 눈에 보이는 단 1병이지만 거시적 관점에서는 과거, 현재, 미래를 통감하는 살아있는 존재다."

나무로 보지 않고 숲으로 보았을 때입니다. 물론 제가 마신 그 와인은 평생 그 한 병이긴 하지만 말입니다. 왜냐하면 와인은 맥주와 소주, 그리고 양주와는 달리 각각 그 병마다 맛이 틀리기 때문입니다. 그래서 저는 와인을 반려물건이라고 생각합니다. 와인을 반려의 대상으로 여기면 신비함이 다가옵니다. 제가 다가서지 않고 와인이 다가오는 느낌이 듭니다. 말하지 않아도 말해주는 느낌도 듭니다. 처음에는 와인을 탐구하는 저의 눈빛이 지금은 와인이 저를 바라보고 더 나아가 '서로 같이' 눈빛을 마주하고 같은 곳을 바라보는 그런 단계까지 오게 되었습니다. 와인을 맥주나 소주처럼 취하는 도구로써 생각하면 '그냥 그렇게' 되는 것이고, 저처럼 생각하면 '함께하는 대상' 또는 '벗'이 됩니다.

우리는 자세히 보면 위에서 내려받은 스트레스가 직장 스트레스이든, 학업으로 인한 공부 스트레스이든, 인간관계의 어려움이 주는 스트레스이든 간에 우리는 술을 마시면서 스트레스를 풀려고 하는 경우가 많습니다. 이는 그 스트레스를 풀기보다는 술에게 전이하는 것에 불과합니다. 물론 마실 때일 뿐이긴 하지만 말입니다. 때론 술이 관계의 열쇠가 되는 경우도 있지만 관계의 결과는 아닙니다. 와인도 그냥 술처럼 스트레스의 대상으로 전이하는 용도로 쓰이면 발전이 없습니다. 물론 '와인

나무'는 볼 수 있겠지만 '와인 숲'을 보지 못하기 때문에 금방 와인의 길을 잃게 되고, 미로(迷路)처럼 그 길이 그 길인지, 이 길이 이 길인지, 왔던 길인지, 새 길인지도 모르게 됩니다. 내가 마셔본 와인인지, 그때 그 맛과 향인지, 뭐가 다른지, 언제 마셨는지 시간이 흐를수록 더 미로처럼 헤매게 되고 어지럽고 그냥 속 편하게 마시는 사람으로 변모하게 됩니다. "와인은 그냥 즐기는 거야!" 하는 자기 합리화와 함께 아는 척하는 사람들을 무안하게 만드는 행동도 서슴지 않게 됩니다. 때로는 자신이 마신 와인의 시간을 담보삼아 잘못된 와인 즐기기를 전도하면서 강요하는 사람도 있습니다.

와인과 소통하는 반려의 존재로 받아드려야 숲을 보면서 나무도 보고, 나무를 보면서 숲을 볼 수 있는 와인의 눈이 생깁니다. 스트레스를 푸는 존재로써는 그냥 취하는 존재는 그냥 도구일 뿐입니다. 와인과 대화를 해야 합니다. 우리가 먼저입니다. 신이 우리에게 먼저 말을 건 것처럼 우리가 먼저 와인에게 다가서야 합니다. 우리는 신에게 기도라도 하지만 우리가 와인에게 기도까지 바라는 것은 아니지요?

와인의 언어

우리는 와인에 대해 많은 것을 알고 있습니다. 더 정확히 말하면 와인의 퍼즐을 맞추기만 하면 되는데 조각조각 이곳 저곳에 흩어져 있어서 그 퍼즐 조립이 어려울 뿐입니다. 와인을 직접 마신 것은 아니지만 맥주나 막걸리처럼 발효음료(술)도 마셔봤고, 김치와 같은 식품도 먹어봤습니다. 와인의 원료인 포도도 과일로써 먹어도 봤습니다. 우리가 알고 있는 모든 것들을 퍼즐이라 생각하고, 이 조각들을 맞추면 정말 '와인'에 근접하여 알 수 있습니다.

우리는 겨울에 따스한 옷을 입고, 잘 때는 두터운 이불을 덮고 잡니다. 옷에서 온기가 나오고 이불에서 에너지가 나오는 것은 아닙니다. 우리 몸에서 나오는 열을 얼마나 잘 가두냐에 따라 따스하고 시원함을 느끼는 겁니다. 즉 열이 바깥에서 충족이 되어 안이 따스해지는 것이 아니라, 내 몸에서 나오는 것을 어떻게 잘 다스리는지에 따라 달라집니다.

와인의 맛도 향기도 외부가 아닌 내부에 있습니다. 오직 흩어져 있는 퍼즐만 잘 맞추면 됩니다. 그런데 와인이 어려운 이유는 매한가지 포도임에도 불구하고 외부에 비춰진 다양한 포도 품종에 한 번 놀라고, 와인병 외부에 삽입된 익숙하지 않은 타국 언어와 그림들에 두 번 놀라서입니다. 우리들이 와인에 접근하는 데 외부인이 어지럽게 만들고 있습니다. 와인은 진정 우리와 대화하고 싶어 합니다. 하지만 우리가 그들의 언어를 듣지 않으려 할 뿐이지요.

브랜드바게트

브랜드바게트 아시죠? 이용하는 고객들이 많습니다. 매장에서 만드는 빵도 있다고는 하지만 대부분은 공장에서 만든 빵이고, 매장에서 만든 빵이라 하더라도 거의 재료 등을 공수해와서 굽는 정도입니다. 그래도 우리는 빵이 맛이 있어서 많이 사먹습니다. 브랜드 빵이라는 이름과 함께 전국적 체인점을 확보하여 판매를 합니다. 하지만 브랜드 빵이라고 말하긴 하는데 약간은 모순적인 면도 있습니다. 우리는 너무 브랜드에 빠져 있기 때문입니다.

와인도 브랜드바게트 같은 와인이 있습니다. 어쩌면 우리가 보는 대부분은 브랜드바게트 같은 와인입니다. 브랜드바게트는 공장에서 만들어 대량생산한 빵입니다. 그러나 맛과 질적인 면에서 자신이 직접 만들고 자신만의 간판을 걸고 만드는 로컬 빵집보다 맛있고 질도 좋은 빵도 있습니다. 사람이 만든 것인지 기계가 만든 것인지 소비자 입장에서는 맛좋고 질 좋은 빵을 저렴한 가격, 즉 가성비가 좋은 빵을 찾기 마련입니다. 와인도 가성비가 좋은 와인이 있습니다. 첨단시설을 이용하여 컴퓨터가 컨트롤하여 보다 향기 좋고, 입맛 좋고, 품위가 있는 와인을 대량생산합니다. 그래서 와인 가격이 과거에 비해 많이 떨어진 것도 사실입니다. 특히 신대륙 와인인 미국이나 칠레 등이 대표적이라고 합니다. 물론 지금은 가격 경쟁력을 위해 프랑스도 첨단시설을 구비하기는 하지만 칠레나 미국에 비해서는 상당히 뒤집니다. 수제 빵보다 브랜드를 앞세운 공장 빵이 더 질적인 면에서, 맛적인 면에서 가격적으로 훌륭하다면 우리는 공장 빵을 선호합니다. 물론 수제 빵의 장점이 있긴 하겠지만 그래도 그 차이점이 정말 작다고 하면 우리는 공장 빵을 선택합니다.

와인도 그러합니다. 그리고 그 갭이 점점 사라지고 있는 것이 현실입니다. 그래서 우리는 비싼 값을 치른 프랑스 와인에 실망하는 경우가 간혹 있습니다. 한참 기대를 갖고 마셨는데 그 기대치에 따라오지 않았기 때문입니다. 와인을 배울 때 수제 와인은 수제 와인으로, 브랜드 와인(대량생산)은 대량생산 와인으로 구분을 해서 배울 필요가 있습니다. 이는 달리기를 할 때 여자는 여자끼리, 그리고 남자는 남자끼리 각각 뛰라는 의미에서입니다. 그래야 서로의 장단점을 잘 알기 때문입니다. 그런 뒤에 서로의 장단점을 통해 와인을 알아야 와인의 언어를 배울 수 있습니다.

한우

하늘을 우러러 한 점 부끄럼 없기를

얼마 전 부위별로 잘라져 있는 한우 모둠을 주문했습니다. 등심부터 부챗살까지 약 5종류의 고기들이 섞여서 나왔습니다. 다 먹지는 못해서 남은 고기 절반 이상을 포장한 뒤 상할 것을 염려하여 집에 오자마자 냉장고에 넣어두었습니다. 며칠 뒤 냉동실에서 포장해온 고기를 꺼내 상온에서 녹인 뒤 먹으려 했으나 고기들이 서로 엉겨 붙어서 먹을 방법이 없었습니다. 고기를 상온에서 완전 녹여 부위별로 나눠서 저녁밥과 함께 먹기에는 시간이 턱없이 부족했습니다.

어쩔 수 없이 얼려있어 한 덩어리로 일심동체가 되어 있는 고기를 통째로 조리해서 저녁을 만들기로 했습니다. 어느 정도 조리를 하다 보니까 고기가 프라이팬 열기에 녹아서 조금씩 떨어지기는 합니다. 조리 전에 이미 고기에 직접 오일과 후추로 어느 정도 재워놨기 때문에 고기가 프라이팬 위에서 타는 일은 없었습니다. 스테이크 전용 소금도 뿌려서 미디움 스타일로 만든 다음 가위로 먹기 좋게 자른 뒤 한 번 더 약한 불로 조리를 더했습니다. 후추 향과 오일이 어우러져 한우 맛이 더욱 풍부해졌습니다. 그런데 본래 한우는 부위별로 맛의 차이가 있는데 막상 조리해서 먹다 보니 별 차이가 없었습니다. 눈감고 먹으면 약간의 식감만 있을 뿐 커다란 차이가 없었습니다. 냉동된 한우 고기를 불로 해동시킨 뒤 약간의 조리 소금을 이용하여 스테이크를 구우니 부위별 가격 차이가 존재함에도 불구하고 맛은 비슷해진 겁니다.

와인도 그러합니다. 우리가 접하는 대부분의 와인은 현지에서 직접 마시는 와인과 달리 일정 기간 유통과정을 거치면서 우리에게 다가온 와인입니다. 그래서 현지의 와인과는 다소 차이가 있을 수밖에 없습니다. 이는 레스토랑에서 바로 한우 생고기를 주문해서 구워먹는 것이 아닌 생고기를 얼렸다 나중에 일정 시간이 흐른 뒤 해동해서 먹는 고기와 비교할 수 있습니다. 그러다 보니 와인 현지에서는 뚜렷하게 차이가 나는 와인도 우리나라에 와서는 그 맛과 향이 다른 와인들과 별 차이 없이 비슷해지는 경우가 있습니다.

긍정적인 관점에서는 여러 종류의 와인을 한자리에서 같이 마시면 나중에는 모든 와인이 같은 맛과 향이 됩니다. 와인들끼리 서로서로 챙겨주는 맛이라 할까요. 서로서로 상승효과를 누립니다. 서로를 끌어주면서 큰 하나가 되는 겁니다. 반면에 부정적 관점에서는 비싼 와인을 고집할 필요가 없습니다. 위에서처럼 일심동체가 된 고기의 경우 등심이나 안심이나 부챗살이나 살치살이나 막상 먹어보니 약간의 질감만 있을 뿐이지 고기맛은 비슷했습니다. 비싼 와인도 유통과정이 온전치 않은 경우에는 와인 그 고유의 와인의 맛과 향을 살릴 수 없습니다. 그 때문에 비싼 가격을 주고 와인을 구입하더라도 기대치 이하의 맛과 향이 다가옵니다.

요약하면 이렇습니다. 한우 생고기는 정말 좋은 한국을 대표하는 맛이 있는 고기임에는 틀림없습니다. 생고기 상태에서 먹으면 그 부위별로 맛과 그 육즙을 즐길 수 있지만 해동이라는 유통과정이 생기고 나면 한우의 부위별 맛은 그 가격차 맛의 차이가 있다 하더라도 서로 별반 차이가 없어집니다. 와인도 현지에서는 그 가격차 및 그 풍미가 틀린다 하더라도 다른 와인들과 같이 마시면 서로의 상승효과로 더더욱 좋아지게 될 수 있습니다. 비싼 와인도 해동과 같은 유통과정을 거친다면 그 맛과 풍미를 느끼기에는 어려움이 있습니다. 그러므로 비싼 와인을 고집할 필요가 없습니다. 이는 우리가 접하는 대부분의 와인이 해동과 같은 유통과정을 거쳐서 오기 때문입니다. 물론 이 차이를 최소화하기 위해 많은 사람들이 노력은 하고 있기는 하지만 말입니다.

러닝화 & 워킹화

와인도 과거에는 커다란 구별이 없었습니다. 우리의 전통 막걸리처럼 말입니다. 그러나 지금은 예전에 비해 상당한 수의 와인이 존재하고 와인과 와인을 구별합니다. 신발도 이와 같이 생각해보면 전에는 커다란 구별이 없었지만 점점 전문화되고 다양한 수요가 진행되는 만큼 수적인 면에서도 상당히 다양해졌습니다. 걷는 운동을 하는 사람들 위주로 '워킹화'라는 것이 있고, 가벼운 달리기를 하는 사람들을 위한 '러닝화'가 있습니다. 보기에는 둘 차이가 거의 없어 보이지만 신발을 만든 제작자는 그 나름대로의 이유를 갖고 러닝에 더 적합한 신발과 워킹에 더 좋은 신발을 맞춤형으로 제작하여 만들었습니다. 물론 직접 신발 사용자나 판매자가 아닌 이상 일반인이 러닝화와 워킹화를 구별하는 경우는 드뭅니다. 심지어 워킹화를 신고 러닝을 해도, 또는 워킹화를 신고 러닝을 해도 그렇게 커다란 차이도 없을 정도입니다. 하지만 분명 이들은 구별이 있고, 러닝할 때 러닝화를 신을 때와 워킹할 때 워킹화를 착용했을 때 몸에 오는 피로의 정도는 다르게 다가옵니다. 운동 시간이 작으면 거의 차이가 없을 수도 있겠지만 1시간 이상 장시간 운동을 했을 때에는 몸에 오는 피로도 차이는 어떤 신발을 신느냐에 따라 확연하게 달리 느껴집니다.

와인잔도 나름 종류가 많습니다. 우선 레드잔, 화이트잔, 샴페인잔 등이 눈에 크게 뜨입니다. 레드잔의 예를 보더라도 그 모양이 제작 회사마다 다르고, 잔의 소재에 따라 가격차를 보이기도 합니다. 저는 와인잔의 선택이 워킹화와 러닝화 선택의 차이만큼 있다고 생각합니다. 그래서 와인 모임이 있을 때마다 제가 사용할 와인잔을 꼭 챙겨갑니다. 레스토랑에도 와인잔이 구비되어 있지만 고객의 실수 또는 세척시 파손 등의 이유로 퀄리티가 상당히 낮은 와인잔을 사용하는 곳이 많기 때문입니다.

위에서 러닝할 때 또는 워킹할 때 그냥 구별 없이 보통 운동화를 신고 운동해도 되지만 워킹과 러닝을 구별하여 운동할 경우 몸에 피로도가 틀리고 운동효과가 크다고 말한 것처럼 그냥 와인잔을 사용하는 것보다 마시고자 하는 와인에 어울리는 와인잔 또는 그 와인의 퀄리티를 상승해줄 와인잔을 사용했을 때 그 효과는 훨씬 좋은 감동과 풍미를 와인에게 선사합니다. 물론 작은 차이라고 말하는 분들도 계시고, "언제부터 운동화가 운동화지 따로 구별할 것까지 있느냐?" 하고 반문도 하시겠지만 분명한 차이는 있습니다. 액자가 그림을 살리고 옷이 날개라 불리듯이 와인에게 있어서 액자이자 날개는 단연코 준비된 와인잔입니다.

비타민C

수지C가 병 속에 풍덩

비타민C 돌풍이 있었습니다. 유명 제약회사가 히트를 치니까 여러 제약회사에서 앞 다투며 유사상품을 만들어 판매하기 시작했습니다. 소비자가 보기에 그렇게 커다란 기술을 요하는 약(통상 영양제)이 아니라서 평소 잘 듣지 못하는 제약회사에서 만든다 한들 별 문제는 없었습니다. 비타민C 제품은 시간이 흐르면서 회사별로 가격 차이가 생기게 되었고, 그에 따른 가격경쟁이 심해지면서 비타민 원산지 차이를 내세우며 제품의 질적 싸움까지 일게 되었습니다. 더 나아가서 비타민이 약국 판매용이냐 마트 판매용이냐 등 판매경로까지 입방아에 오르며 붉어지게 되었습니다. 저는 돌풍이 일어나기 전에는 다소 비싼 은색 박스 '○○ 비타민C'를 구입해 복용한 적이 있었는데 먹은 양보다 이곳 저곳 흩어져 없어진 양이 많을 정도로 꾸준히 복용 못 하고 중도하차를 했습니다.

그러던 중 비타민 돌풍이 불었고 몸에 좋다고 하여 다시 복용 열차에 편승하기 시작했지만 이미 기존 비타민 제품 가격은 많이 올라있었고, 대신 다른 회사에서 만든 저렴한 비타민 제품들이 꾸준히 늘고 있었습니다. 비타민이 다 거기서 거기라는 일부 전문가들의 조언에 힘입어 가성비 좋은 제품 비타민을 찾아 꾸준히 먹기 시작하였고, 한 2년 동안 지속해서 복용해왔습니다. 그간에 있었던 일로는 저렴해서 복용했던 비타민 가격마저 올라서 다른 제약사 비타민으로 옮겨 타기도 했고, 더 좋은 가성비 비타민을 찾아 인터넷을 뒤지기도 했다는 겁니다. 사실 비싼 것도 먹어보고 상대적으로 저렴한 것도 먹어보고 했지만 별 차이를 느끼지 못했습니다. 비타민 캡슐 포장도 비슷한 빨간색이어서 얼핏 눈으로 봐서는 눈감고 복용해도 모를 지경이니까요. 하지만 얼마 전에 가격이 조금 있다는 은색 박스 '○○ 비타민C'를 선물받았습니다. 기존에 있었던 비타민을 마저 다 먹고 나서 '○○ 비타민C'를 먹었는데 비싼 비타민이라서 그런지 역시나 더 약 효과가 있고, 맛있게 느껴지는 겁니다.

와인도 이런 비슷한 경험을 많이 하게 됩니다. 와인 라벨을 보고 마시면 왠지 더 비싸고 인기 있는 와인이 더 맛있게 느껴지는 느낌! 심지어는 와인 가격이 저렴할 때 마셨을 때에는 그 맛이 그저 그랬다가 인기가 있어지고 가격이 올라가니까 맛이 있어지는 경우가 있습니다. 인간은 어쩔 수 없나봅니다. 가격에 따라 와인 맛이 달라지는 와인은 어쩌면 참 재미있습니다. 와인 블라인드는 이래서 꼭 필요한가봅니다. 우리는 편견이라는 머리의 흐름을 어느 정도는 정화 또는 지연시킬 필요가 있습니다.

수박

와인을 판매하는 곳은 많습니다. 전국의 편의점까지 포함한다고 하면 셀 수 없을 정도의 와인 판매처가 있습니다. 어떤 종류의 와인은 한 곳에서만 파는 곳도 있지만 대부분은 여러 판매처에서 팔고 있습니다. 요즘 수박이 나오기 시작했습니다. 비단 수박만 그러한 것은 아니지만 우리는 살 때마다 꼭 이런 생각을 합니다. "씨가 많을까? 설탕수박일까? 당도가 높을까?" 씨가 많고 적음은 뒤로 하더라도 수박 당도에는 민감합니다. 수박 무게에 따른 가격이 상당하기 때문에 그렇습니다. 사과처럼 한 상자에 여러 개 담겨있는 것도 아니고, 단일 상품으로 높은 가격을 우리는 지불합니다. 옛날에는 수박에 세모난 삼각뿔을 오려내서 그 맛을 평가해보고 사고는 했지만 지금은 그렇게 수박을 파는 사람은 없습니다. 다른 방법으로는 수박꼭지의 신선도를 보고 수박을 사고는 했지만 최근에는 아예 수박꼭지를 떼고 파는 곳도 있어 그것 또한 여의치 않습니다. 결국에는 파는 사람의 말을 믿고 사는 수밖에 없습니다. 또 예전에는 수박이 덜 익거나 맛이 없어 잘못 샀을 때 쉽게 교환도 해주었을지는 몰라도 요즘엔 교환해달라고 하면 해주기는 하겠지만 거의 예외적으로 가능할 겁니다.

와인을 살 때 유통과정, 빈티지, 보관방법 또는 판매처 등에 따라 와인의 상태가 틀려집니다. 그러기에 와인의 맛도 향도 틀려집니다. 와인 현지에서 판매되는 같은 상자 안에 있는 와인도 서로 그 맛이 미묘하게 틀린데 지구 반 바퀴를 돌고 온 와인들은 그 차이가 상당히 날 것입니다. 수치를 잴 때 쓰이는 각도기처럼 작은 차이가 끝으로 가면 갈수록 많은 차이가 나는 원리와 같습니다. 그래서 저도 고민을 합니다. 와인을 구입할 때 수박처럼 말입니다. 와인의 각도가 적은 와인을 구하고자 하여 가급적이면 대형 유통사의 와인으로 구입은 하지만 꼭 정답은 아닙니다. 저는 고가를 사지 못합니다. 와인이 대중화된 나라가 아니기에 고가 와인의 유통을 한눈에 볼 수 없습니다. 그래서 고가 와인이 얼마나 자신의 가치를 보존하고 있는지 알 수 없습니다. 와인을 모르는 사람이 대부분입니다. 그러기에 와인을 구입하고자 하는 사람들은 주변에서 쉽게 살 수 있는 맥주나 소주처럼 생각을 하고 와인에 접근을 합니다. 같은 술이니까요. 소주나 맥주는 유통기간이라도 숫자로 적혀있는데 신기하게 와인은 유통기간이 전무하고, 도리어 빈티지라고 하면서 비싸게 우리나라에서는 팔립니다. 그러니 그 맛의 가치를 모르는 상태에서 와인을 고르고, 와인의 가격 혹은 라벨에 따라 와인을 사게 됩니다.

수박의 가격은 천차만별입니다. 재래시장 가격, 일반마트 가격, 대형마트 가격, 백화점 가격 등등 다양합니다. 대형마트나 백화점은 기계를 이용해 당도 보장 수박을 판매한다고 하여 일반 마트보다 조금 더 비싼 가격을 형성합니다. 가장 저렴한 용달차 수박은 달 때도 있었지만 한 번은 꼭 실패를 주고는 했습니다. 그래서 저는 항상 작은 실패를 걱정하여 대형마트 수박을 삽니다. 와인도 가급적 대형마트 유통과정을 가진 곳을 이용합니다. 그나마 믿을 수 있어서입니다. 개인사업자 와인은 더 저렴한 경우가 있지만 가끔은 실패합니다. 같은 와인인데 맛이 틀려지는 각도가 많이 나는 와인을 발견하기 때문입니다.

고가 맥주

고가 와인이 있습니다. 평소 와인에 대해 관심이 없는 일반인이 와인을 마시면서 이 와인이 고가인지를 알 수 있을까요? 양주의 경우는 상품 이름만 같으면 전국적으로 맛이 비슷하나 와인은 살아있어 그 맛이 다를 수 있다는 사실을 아는 사람은 적습니다. 고가 와인은 쉽게 접할 수 없을 뿐더러 태어나서 처음이자 마지막 고가 와인을 마시는 경우가 많은데 그 순간 과연 이 맛이 이 맛인지 알 수 있을지 의문입니다.

저는 맥주를 마시기는 하지만 다양한 맥주를 잘 알지는 못합니다. 국내에 수입된 평범한 수입 맥주는 잘 알겠지만 세계 희귀 맥주까지 알기에는 턱없이 제 자신이 부족합니다. 얼마 전 먼 친척에게 맥주를 선물 받았습니다. 태어나서 처음 보는 맥주인데 라벨도 멋있는 색다른 맥주였습니다. "맥주는 그냥 다 맥주지! 그 맛이 그 맛 아니겠어?"라고 생각하면서 맥주 한 모금을 마셨는데, 맥주에 대한 저의 간략함은 우물 안 개구리에 지나지 않았습니다. 사실 호기심 가득한 마음으로 선물받은 맥주를 하나 따서 마시는데 그 맛이 참 묘했습니다. 그러다가 문득 이런 생각이 들었습니다. "본래 맥주가 이 맛인가? 상한 것은 아닌가?" 그래서 맥주 2병의 유통기한을 확인했습니다. 한 개는 지워져서 안 보이고, 나머지 한 개는 유통기한이 4개월이나 지났습니다. 술인데 버려야 하나 마셔도 되나 고민을 하다가 결국엔 탈라서 병원에 가느니 차라리 버리기로 했습니다. 물로 체하면 약도 없기 때문입니다. 나머지 유통기한이 지워진 맥주 한 병을 두고 마셔야 되나 고민을 했습니다. 살짝 마셨을 때 맥주 맛은 나는데 보통의 맥주 맛은 아닙니다. "비싸니까, 희귀 맥주니까 맛이 다를 수 있겠다."라는 생각은 들지만 제가 잘 모르니까 어찌할 바를 몰랐습니다. 그래서 또다시 버렸습니다. 만약 옆에 맥주를 잘 아는 사람이 있었으면 진짜 비싼 맥주인데 두 병 다 버리지 않고 마실 수 있었는데 말입니다.

와인도 그러합니다. 유통기한 없는 와인은 어찌할까요? 맥주는 공통의 맛이 있는데 와인은 그러하지도 않습니다. 같은 상자에 있는 와인 맛도 틀린데 다른 장소의 와인들과 비교는 엄두도 못합니다. 고가 와인은 고가만의 향과 맛이 있습니다. 그 맛과 향이 잘 보전되어 있는지 없는지에 따라 와인의 가치가 정해집니다. 그러나 따기 전에는 모르니 아는 방법이 없습니다. 정말 안 좋은 경우는 보관을 잘못해서 상한 와인임에도 불구하고 그 맛이 고가 와인의 맛인 줄 알고 마시는 경우는 정말 안타깝습니다. 비싼 맥주라 해봤자 1만원 전후라고 하지만 고가 와인은 상당하거든요.

타이밍

맥주의 타이밍은 시원할 때이고 콜라나 사이다의 타이밍은 시원하면서 김빠지기 전이라고 합니다. 맥주는 호불호가 있긴 하겠지만 밍밍한 콜라나 사이다는 그냥 버리기 일쑤입니다. 과일 중에 수박도 그러합니다. 시원한 수박과 그냥 수박의 맛은 천지차이가 납니다. 이처럼 와인도 타이밍이 있습니다. 그런데 이 타이밍을 맞추기가 쉽지가 않습니다. 빈티지, 품종, 국가 등등 여러 요소로 인해 달라지기 때문입니다. 공통적으로 타이밍을 맞추기 위한 방법도 있긴 하지만 날씨에 따라 또 달라지기 때문에 와인에 있어서 정말 최고의 타이밍이란 정말 힘듭니다. 그래서 한 가지 와인을 오래오래 마셔보면서 늘 즐기면서 함께 해야 그 와인의 타이밍을 하나 정도 알 정도입니다. 그러나 우리는 한 가지 와인을 많이 마시기보다는 다양한 와인을 마시는 다다익선 와인을 선호합니다. 웬지 여러 와인을 경험해야 와인을 골고루 아는 느낌이 들어서 그러합니다.

100여 가지 와인들을 마셔본 사람과 한 종류의 와인을 100병 마셔본 사람이 있다고 한다면 통상적으로 생각하기에는 전자를 더 '와인 전문가답다'라고 말할 수 있습니다. 하지만 와인의 세계는 일반적인 경험의 법칙과는 다른 듯합니다. 와인에 접근하기 위한 방향과 속도를 책을 읽는 방법으로 비교한다면 다독보다는 정독이 더 가깝다고 할 수 있습니다. '1'을 알면 '10'을 아는 원리로 접근하는 것이 가장 좋을 듯합니다. 이는 와인 '하나'와 친구가 되면 '열' 친구를 소개받게 되는 전이적 원리입니다. 단순히 경험적 양으로 전문가를 나누기에는 다른 영역입니다.

인간의 생김새는 다양합니다. 시대에 따라, 보는 관점에 따라, 나라에 따라 미인의 관점이 상당히 다릅니다. 우리는 얼굴 작고, 눈이 크고, 코도 높고, 머리숱이 많아야 미인인데, 이와 대조적으로 큰 얼굴 낮은 코가 미인의 기준인 곳도 있습니다. 하지만 우리가 살아 숨 쉬는 이 현실에서는 미인도 있고, 폭탄도 있고, 보통도 있습니다. 그래서 외모로 차별이 있고, 그로 인한 갈등도 있고, 외모로 성공하기도, 결혼도 잘하고, 사업도 잘하고, 못생겨서 우울하고, 죄인 취급받고 등등 다양한 경우가 있습니다. 하지만 인생 전체로 보면 타이밍으로 해석할 수 있습니다. 와인도 그러하니까요.

인간 나이를 들어 예를 들겠습니다. 나이가 4세, 15세, 20세, 40세, 60세가 있다고 가정했을 때 어떤 이는 20세 때 가장 아름다웠다가 40세에 폭삭 늙는 사람도 있고, 어떤 이는 그 미모가 꾸준히 가서 곱게 늙는 사람도 있습니다. 15세 때는 정말 예뻤다가 20세 때 보통이 되는 경우도 있습니다. 4세 때는 외계인처럼 생겼으나 20세 때 갑자기 예뻐지는 경우도 있습니다. 여러 경우의 수가 있지만 한 가지 공통적인 것은 있습니다. 인생에 있어서 가장 예쁠 때가 있었고, 가장 예쁘지 않은 순간도 있다는 겁니다. 언제 그 순간이 발현되느냐의 차이입니다. 와인도 그러합니다. '타이밍!' 어떤 와인은 앞에 마실 때, 어떤 와인은 나중에 마실 때, 어떤 와인은 곱게 계속, 어떤 와인은 갑자기 예뻤다가 신기루처럼 사라지는 등 다양한 와인을 마시기 위한 타이밍이 있습니다.

이 타이밍을 '캐치'해서 마시는 것이 제일입니다. 우리 모두의 마음속에는 늘 아름답기만 하고 싶은 마음이 있습니다. 남들을 바라보는 외모 평가에 있어서 별로든 예쁘든 구별을 하지만 우리 자신만은 늘 아름답고 싶은 마음이 가득합니다. 와인의 인생은 하루살이보다 짧습니다. 관찰자 입장에서는 다른 사람의 허물도 괜찮아 보이기는 하지만 자신만큼은 늘 아름답고 싶은 마음이 더 크겠지요. 와인은 하루살이보다 더 짧은 인생을 삽니다. 짧으면 5분, 길면 1시간입니다. 그러니 와인 개개인 입장에서는 얼마나 아름답게 살고 싶고, 기왕이면 더 아름답게 살고 싶지 않을까요? 와인 모임의 주최자 또는 와인을 챙겨온 이는 그 와인만의 '타이밍'을 파악하고, 와인을 가장 아름답게 해줄 노력이 있어야 합니다.

개중에는 이런 사람도 있습니다. "한 병의 와인이 변화하는 모습을 보려고 그냥 따서 쭉 마신다." 이것은 관찰자 입장에서는 독재입니다. 자신에게는 여러 시간 중 하나지만 와인 입장에서는 순간입니다. '와인의 권리'도 찾아줘야 합니다. 작은 시간이지만 아름답고 싶은 권리를 무시한 채 애호가 자신의 욕망(그냥 경험)을 위해서 희생시키는 겁니다. 와인의 '아름답고 싶은 바람'은 무시한 채 '갑의 의지'만 반영한 것입니다. 멋쩍은 말로 "그 와인의 싫은 점이나 나쁜 점, 이 모든 것을 사랑하기에 품을 수 있어 타이밍 없이 바로 따서 마셔도 다 사랑한다."는 애호가는, 이 또한 상대방의 생각을 배려하지 않은 독단적 자기 사랑, 즉 일방적 사랑, 아니 그냥 독심이라고 해야 할까요? 이는 사랑을 빙자한 와인 스토커입니다.

자막

너 없는 세상 이해할 수 없어

와인잔은 단순히 모양만 있는 것이 아닙니다.

한 번은 한국영화가 아닌 외국영화를 유료 사이트에서 다운로드를 받았습니다. 제가 영어를 엄청 잘했으면 보다 영화를 재미있게 봤을지도 모르겠지만 영어실력이 보통인 관계로 한글자막 없이 영화를 본다는 것은 부담이 됩니다. 물론 액션 위주의 영화라면 그래서 자막이 그렇게 많이 필요 없다고 하더라도 한글자막이 있는 것과 없는 것은 차이가 있었습니다. 잠시 볼 일을 마치고 재미있게 다운로드한 영화를 보려 했는데, 이게 웬일입니까? 막상 다운로드를 받고 나니 한글자막이 없는 겁니다. 걱정이 태산처럼 밀려왔습니다. 다행히 다른 사이트의 도움을 받아 어렵지 않게 자막을 찾았고, 기존 영상과 같이 실행해보면서 영상과 자막이 싱크가 되는 것을 재차 확인, 그 이후에야 "영화를 더 재미있게 볼 수 있겠다."라는 안도의 믿음이 생겼습니다. 그와 동시에 다음에는 "꼭 영화와 자막이 같이 있는 것을 확인하고 다함께 다운로드 받아야겠다."라고 다짐했습니다. 다행히 쉽게 한글자막을 찾아서 망정이지 돈을 날릴 뻔했습니다.

보통의 와인글라스에 와인을 마시는 것, 즉 그냥 레스토랑 등에서 가볍게 마시기 편하라고 기본적으로 제공이 되는 글라스에 와인을 따라 마시는 것은 자막 없이 영화를 보는 것과 같다고 할 수 있습니다. 위에서도 말했지만 영어실력이 우수하다면 영화를 자막 없이 보겠지만, 와인에 대한 실력이 남달라서 또는 와인에 대해서만큼은 천부적 재능이 있는 분은 보통 와인글라스에다 와인을 따라 마셔도 상관은 없을 수 있겠지만 그래도 자막 있는 영화가 불안감을 덜 주듯이, 좋은 와인글라스는 와인의 능력을 향상시켜 줍니다. 개인적으로 영화를 통해 영어공부를 한 번 해봐야겠다 싶어 자막 없이 영화를 봤다가 그 영화를 보지 않은 친한 친구에게 잘못된 영화 줄거리를 알려줬습니다. 그 친구는 그 줄거리를 제3자에게 그대로 여과 없이 전달했다가 결국엔 잘못된 줄거리로 판명되어 저 때문에 낭패를 보았고, 그 낭패가 부메랑이 되어 저에 대한 질타로 돌아왔습니다.

와인도 그러합니다. "설마 이 정도 유명한 와인인데, 나름 비싼 와인인데 와인 자체 능력치가 뛰어나지 않겠어?"라고 싶어서 그냥 일반 글라스에 따라서 마셨다면 실제 그 와인의 진가를 알지 못하고 숨겨진 채 와인에 대한 잘못된 편견만 기억할 수 있습니다. 이는 자기 실력을 믿고 훌륭한 영화를 한글자막 없이 영화를 본 뒤 잘못된 줄거리를 기억한 것과 같습니다. 그 후 와인을 마시는 사람들과 와인을 이야기할 기회가 있을 때 내가 기억하는 와인 줄거리를 그들에게 정답인 양 말했다가 도리어 내가 잘못 알고 있었음을 알았을 때 큰 낭패를 보게 됩니다. 이는 영화를 보긴 봤는데 자막 없이 보다 보니까 줄거리가 엉성했고, 남들에게 내가 아는 영화 줄거리를 정확한 것처럼 말했다가 낭패를 본 경우와 같습니다. 와인이 영화라면 와인글라스는 곧 자막입니다. 훌륭한 와인일수록 그 하나하나를 놓치기 아까우시다면 좋은 와인글라스는 좋은 영화자막이 되어드릴 겁니다.

아이가 달라졌어요

같은 와인이지만 누구의 손을 거치냐에 따라 틀려집니다. 텔레비전 방송프로 중에 '아이가 달라졌어요'라는 프로그램이 있습니다. 평소 산만하고 거칠고 이상하게 생동하던 아이들이 전문가의 손길 이후에 달라지는 텔레비전 화면 모습을 보면서 시청자인 엄마, 아빠는 자신의 어린 아들, 딸을 모델 삼아서 보다 아이들 입장에서 눈높이에 맞게 다가서는 모습을 배우고자 합니다. 아직은 어리고 대화가 안 되는 아이들과 대화를 하고 이해한다는 건 부모들 입장에서는 매우 중요하기 때문입니다. 자녀의 수가 많다면 경험적으로 아이의 행동들을 미뤄 짐작할 수는 있겠지만 누군가에게는 '초짜'이니까요.

전문가는 텔레비전 속에서 상당히 뭔가 있어 보입니다. 오랜 노하우가 있어 보입니다. 하지만 이 프로에 대한 이상한 말이 들리곤 합니다. 사실은 아이들이 바뀐 것이 아니라 '편집'된 것이라고요. 예를 들면 아이가 문제가 많아 보일 때 찍어뒀다가 아이가 어느 순간 기분이 좋아질 때 찍은 뒤 이 두 개를 편집해서 하나의 작품을 만드는 것에 불과하다는 겁니다. 아이가 항상 산만한 것도 아니고 계속 기분이 좋은 것은 아닙니다. 순간순간 태도가 변하는 것입니다. 이 변화의 순간을 영상으로 찍어서 이를 편집한다는 겁니다. 그러면 프로그램 화면상 아이는 치료 혹은 해결된 것처럼 보이니까요. 만약 이 소문이 사실이라면 전문가가 필요가 없네요. 어떤 방식으로 찍느냐가 중요하고 원인에 따른 결과만 포장하여 전문가처럼 말하면 되니까요.

와인의 컨디션은 다른 술에 비해 상당히 민감합니다. '나빴다, 좋았다'를 반복합니다. 그리고 나쁜 것을 좋게 만드는 것이 제가 추구하는 목표이기도 합니다. 와인의 전문가는 이러한 면에서 필요한 듯합니다.

첫 번째로는 마시고자 하는 와인의 상태가 좋은지 나쁜지를 정확하게 아는 겁니다. 간혹 상한 와인이 있습니다. 대부분 선물용으로 받았던 와인을 보관을 잘못하여 생기는 일입니다. 아예 곰팡이 맛나듯 이상하면 모를까 어중간하게 변질된 와인은 이 와인의 특징인 줄 알고 그냥 마셔버리게 됩니다.

두 번째는 나쁜 것을 좋게 만드는 것입니다. 대부분의 와인을 개봉하자마자 마십니다. 우리나라 사람들이 술을 눈앞에 두고 기다리는 것을 상당히 싫어하는 관계로 이상할 정도로 술 앞에서는 성격이 급해집니다. 오죽하면 “너 제사 지내냐?”라는 말도 있습니다. 와인은 기다림의 미학이 필요합니다. 와인마다 기다리는 시간이 각각 다르지만 기다린 만큼 와인은 성숙됩니다.

세 번째는 좋은 상태가 얼마나 유지되고, 언제까지 마셔야 하는지를 아는 겁니다. 개나리와 벚꽃은 한철 피어나서 1주일을 거의 못 채우고 화려하게 사라집니다. 내년을 기약하면서요. 와인도 꽃과 같이 그 화려함이 오래 지속되지는 않습니다. 그 와인의 꽃과 같은 타이밍을 안다는 것은 그 와인과 진지한 대화를 한다는 겁니다.

네 번째는 나빠지기 직전까지 상태를 캐치하고 그 전에 와인 마시기입니다. 가야 할 때가 언제인가를 분명이 알고 가는 이의 뒷모습이 그토록 아름다운 것처럼 와인도 꽃피는 봄이 있다면 저무는 봄 또한 있는 겁니다. 와인과 함께할 시간이 즐거웠다면 와인과 인사할 시간을 찾는 것은 와인에 대한 배려입니다.

제가 이 글을 통해 어린이 전문가가 가짜라는 것을 비유하여 와인 전문가도 가짜라는 것을 피력하려는 것은 아닙니다. 원인과 결과를 정해놓고, 이 이유에 대한 그럴싸한 이야기를 하는 것은 진정한 전문가가 아니라는 겁니다. 와인 전문가는 와인과 소통하는 사람입니다. 그냥 와인의 원인과 결과에 따라 말하는 사람은 진정한 와인 전문가는 아닙니다. 와인은 아이들보다 쉽기 때문에 와인의 컨디션을 정말 잘 아는 이가 진정 전문가라고 할 수 있습니다.

눈약

"와인도 빨리 알고 싶습니다. 와인도 많이 마시고 싶습니다. 그래야 와인에 대해서 많이 알게 되니까요."

틀린 방법론은 아닙니다. 와인에게 다가서는 여러 방법 중 하나이지 전부는 아닙니다. 하지만 대부분은 이 길이 최선이고, 최고라고 생각하는 사람이 대부분이라 이렇게들 무작정 시작합니다.

눈에 정말 좋은 약이 있습니다. 저는 눈이 나빠서 안과수술인 '라섹'을 받았습니다. 그래서 시력이 다시 좋아졌습니다. 애당초 태어났을 때의 시력보다는 다소 차이는 있지만 안경을 사용했을 때나 콘택트렌즈를 사용했을 때에 비하면 훨씬 잘 보입니다. 수술 후 가장 큰 걱정은 시력저하입니다. 다시 원상태로 돌아가는 것은 아닌가 하는 우려입니다. 주변을 둘러보면 눈 관리를 다시 잘못해서 그런지, 아니면 본래 이런 수술방법의 부작용인지 다들 눈이 점점 나빠지면서 수술 전의 시력으로 돌아가는 경우를 많이 보았습니다. 저는 이를 걱정하여 부작용이 안 생기기 위해 잘 관리하려고 상당히 노력을 했습니다.

그러던 중 어떤 눈약을 알게 되었습니다. 눈에 결정적으로 좋다는 약을 말입니다. 처음에 눈약의 효과를 잘 알고 있는 상대방은 저한테 약의 존재를 비밀에 붙였습니다. 그 이유는 다들 눈에 좋다는 사실을 알게 된다면 본인도 구하기 힘들어서 살 수 없게 되고, 이 약을 알고 있는 다른 사람들도 어쩌면 비싼 가격에 구입할 수 있기 때문입니다. 알고 보니 이 눈약은 제한적으로 소량생산하여 판매하기 때문에 모든 약국마다 있는 영양제가 아니었습니다. 그래서 그분도 "나중에 알려주겠노라." 하면서 피일차일 말뿐이었습니다.

저는 정말 오랫동안 집요하게 그분을 따라다니며 조르고 졸라서 그 약의 비밀을 알게 되었습니다. 그러한 노고가 있어서 그런지 지금까지도 꾸준히 눈약을 복용하고 있으며, 그 덕에 부작용 없이 눈 시력을 지금까지도 유지하고 있습니다. 가끔 컨디션이 좋으면 눈 시력이 2.0도 나오기도 합니다. 처음에는 상당히 어려운 과정을 통해 이 약의 비밀을 알게 되었지만 시력의 소중함을 다시금 깨닫고 좋은 시력으로 유지할 수 있게 되어서 지금은 너무나 만족합니다. 역시 '간절'하지 않으면 안 되는 부분이 있나봅니다.

우리는 와인을 빨리 알려고 합니다. 그래서 눈으로 입으로 마신 뒤 재빨리 머리에 기억하고자 합니다. 혹시 우리는 우리에게 '와인시험'을 봅니까? 벼락치기로 하듯 와인을 배우면 우리도 늘 그래왔듯이 금방 그 기억을 분실한다는 것을 경험적으로 잘 압니다. 하여, 무엇인가를 기억할 때에는 '느낌'이라는 공간이 필요한 듯합니다. 간혹 단어를 외울 때 '사물 이미지와 공간'을 이용하라는 말도 있습니다. 여행 가서 그 지역 지명을 잘 안 잊는 이유는 공간과 그 지명이 어울려서입니다. 교과서로 설명이 가득한 인쇄체로 지명을 외우는 경우는 금방 잊게 됩니다. 그래서 가이드북에 나오는 많은 지명들도 볼 때는 기억이 나는데 막상 며칠 지나면 기억이 나지 않습니다. 와인은 쉽게 당신에게 자신을 알려주지 않습니다. '간절함'이 없이는 절대 안 됩니다.

주변에 안약은 흔합니다. 그러나 그 약은 아무나 아는 약이 아닙니다. 여러분이 아는 와인 지식은 흔한 약입니다. '간절함'을 갖고 다가서야 와인이 진정 와인을 여러분에게 알려줍니다. 와인의 방향에는 '간절함'이 있습니다.

충실한 와인

'충실하다'라는 표현이 있습니다. 기본을 지켜 충실하게 만든 와인이 있습니다. 광고, 홍보, 이익과는 거리가 있게 그냥 충실하게 자기 업으로 만드는 와인이 있습니다. 이러한 와인은 제가 이곳에 있지만, 그리고 와인을 만든 '그분'은 바다 건너에 있지만 서로 교감을 하게 됩니다.

우리 동네에 유명한 짬뽕집이 있습니다. 맵다고 유명하지만 재료가 신선하고, 가격 대비 놀랄 정도의 비주얼이 있습니다. 지금은 유사업종들이 생겨서 주춤은 하지만 산지직송이 되는 해산물들을 신선하게 먹을 수 있다는 사실 하나로도 줄을 서면서 먹는 이유가 있다 싶었습니다. 처음에는 짬뽕 전문점인데 자장면을 판다는 것이 약간은 어리둥절했지만 보통 자장면집을 중국집이라고 칭하고, 자장면집에서 짬뽕을 먹는 것이 자연스럽다고 가정하면, 그 반대 상황인 짬뽕 전문점에서 자장면을 파는 것도 이해 안 될 것이 없다는 생각이 들더라고요.

짬뽕 전문점에서 자장면은 그 맛이 어떨까요? 약간은 어색합니다. 일반 중국집 자장면 맛이 더 좋지 않을까 싶기도 하고요. 하지만 예상을 뛰어넘어 짬뽕집의 자장면이 일반 중국집 자장면보다 훨씬 맛이 있었습니다. 예상 밖의 결과였습니다. 자장면이 전문도 아닌데 가격은 일반 중국집보다 훨씬 저렴하면서도 곱빼기를 시키면 정말 곱빼기 양이 나왔습니다. 이런 자장면이 어디 있냐고 감탄사를 발사하면서 자장면을 정신없이 먹다 보니 여기가 짬뽕 전문점인 것도 깜박했습니다. 그래서 자장면을 먹고 음식값을 계산할 때 주인장에게 살짝 물어봤습니다. 왜 이렇게 자장면이 맛이 있냐고요. 의외로 답은 간단했습니다. 주인장이 말하기를 '기본(基本)'에 충실했다고 합니다. 짬뽕 전문점 주인장도 이미 짬뽕과 더불어 자장면 또한 최고라는 것을 잘 알고 있더라고요.

일반 자장면 전문점은 자장면 판매에 있어서 최소 비용에 따른 최대 효과의 지점을 알고 있습니다. 그러나 위에서 선보인 짬뽕 전문점에서는 그냥 기본에 충실한 레시피를 선보였고, 그로 인해서 자장면을 만드는 비용이 약간 더 들겠지만 짬뽕으로 돈을 벌었으면 벌었지 자장면으로 돈을 벌겠다는 마인드는 아니었습니다. 그러한 털털한 마인드가 기본을 만들었고, 짬뽕집 속 '감동 자장면'이 탄생된 겁니다.

와인도 그러합니다. 기본에 충실한 와인은 '교감'을 합니다. "이토록 자장면이 맛있냐?"라는 말에 다 안다는 듯이 웃으면서 대답한 짬뽕 전문점 주인장처럼 말입니다. 어쩌면 기본에 충실한 와인은 겉보기에 맛이 없어 보일 수 있습니다. 이는 직접 먹어보기 전 짬뽕 전문점의 자장면과 같습니다. 사실 짬뽕 전문점 아저씨의 자장면의 맛은 처음에는 인정받지는 못했을 겁니다. 생소하니까요. 하지만 꾸준히 자신만의 기본에 대한 충실함이 교감까지 이르지 않았습니까? 직접 그 맛을 보기 전에는 다소 오해도 있을 수 있고, 편견도 있을 수 있지만 결국 기본에 따른 충실함이 교감을 얻어낸 겁니다.

와인을 마시다 보면 보석처럼 빛나는 와인을 발견합니다. 새로 수입한 와인도 아니고 이미 오랫동안 있어왔던 와인임에도 불구하고 본인에게는 낯선 친구로 다가왔지만, 실상은 그간 모르고 지낸 건실한 친구였던 것처럼 말입니다. 가격도 비싸지도 않고 누구 입에서 오르내린 적도 없으며, 그렇다고 눈에 띄는 모양새를 갖고 있지도 않은데 스스로 기본을 지닌 와인을 말입니다. 와인을 마시면서 교감을 합니다. 그윽한 감동이 코끝을 시작으로 마음까지 전달됩니다. 눈을 감으면 와인을 따라 바다 건너 '그분'까지 뵙고 옵니다.

라벨

우리는 타이틀을 봅니다. 와인을 마셔보지 않고 그냥 와인 라벨만 보고 마셨음에도 마셔본 양 와인을 말하고 평가하기도 합니다. 군대 있을 때 일입니다. 워드프로세서 자격증이 없지만 신의 경지에 다다를 만큼 워드를 잘하는 군 선임병이 있었습니다. 물론 저도 군 행정반에서 오래 근무하다 보니까 선임병 못지 않게 고수로 변모하기는 했지만 저도 선임처럼 특별히 워드 자격증은 없었습니다. 하지만 키보드 단축기 등을 활용하여 현란하게 한글 프로그램을 사용하여 문서를 작성했습니다. 과거와 달리 우리는 자격증이 더욱 부각되는 시대에 살고 있습니다. 제가 군에서 있었던 것처럼 아무리 워드를 잘해도 자격증이 없으면 워드를 못하는 사람으로 분류됩니다. 기업이든 공무원이든 자격증 소지 여부가 점수로 이어집니다. 자격증을 먼저 보지 실력을 먼저 보지 않습니다.

라벨이 중요시 되는 와인이 인간 세상에 있습니다. 우리는 라벨을 보고 와인을 마시니까요. 얼마나 라벨이 중요한지 라벨종이가 벗겨지거나 훼손이 되면 그 훼손된 만큼 와인을 저렴하게 팔 정도입니다. 라벨보다 그 맛과 향이 우선시 되는 와인 세상은 점점 사라지고 있습니다. 와인 스스로가 자격증을 딸 수 있는 노릇은 아니지만 와인 전문가들이 달아준 자격증에 따라 와인의 맛이 정해집니다. 세상의 와인이 너무 많고 다 마실 수 없으니까 자격증 있는, 즉 라벨이 좋은 와인을 선택하게 됩니다. 인간도 모자라서 와인도 인간 세상에 손님처럼 초대해놓고선 자격증을 주고 있습니다.

어른

어쩌다 마주친 그대 모습에

"나이는 30세, 결혼해서 애가 있어! 그리고 나이는 40세, 미혼이야! 그럼 이 중에서 누가 어른이야?"

두 남성이 있습니다. 한 사람은 30세이고, 다른 한 사람은 40세입니다. 누가 어른이냐고 물어보면 대부분 10살 많은 사람이 어른이라고 합니다. 그런데 여기서 한 가지 사실이 더해지면 '어른'을 선택함에 있어서 표가 갈립니다. 나이는 30세이지만 결혼을 했고, 나이는 많지만 미혼인 40세의 경우입니다. 우리는 보통 결혼을 해야 어른이라는 생각을 갖고 있는 사람들이 많습니다. 또한 나이가 많다고 다 어른일 수도 없다는 말에 동의하는 사람들도 많습니다. 이는 나이가 많으면 많을수록 삶의 지혜가 꼭 많은 것은 아니라는 말과 일맥상통합니다.

와인을 마심에 있어서 어른이 되는 경우가 있습니다. 와인을 많이 마시면 마실수록, 더 오랜 기간을 마시면 마실수록 와인의 어른이 되는 줄 알고 있습니다. 하지만 이는 40세 미혼과 같습니다. 30세라도 결혼을 했으면 30세가 어른입니다. 그럼 와인의 어른은 언제가 되는지 궁금하실 겁니다. 저에게 와인의 어른은 '와인잔'이었습니다. '와인잔'이 와인에 미치는 영향을 알았을 때 와인의 어른이 되었습니다. "와인도 와인잔의 중요성을 알고 모르고가 어른이야!"라고 외치고 싶을 정도입니다. 와인잔을 모르고 마셨던 와인의 기간이 철없는 어린 시절로 느껴집니다. 와인을 마신 기간이 짧더라도, 와인에 대한 지식이 적다라도, 와인을 많이 마셔보지 않았더라도 와인잔을 아시는 순간부터, 그리고 꼭 '잔'에 따라 마시는 자신을 보았을 때 당신은 와인 어른이 되신 겁니다. 백날 비싼 와인 마셔봐야 나이만 들 뿐 아직 어린애이십니다.

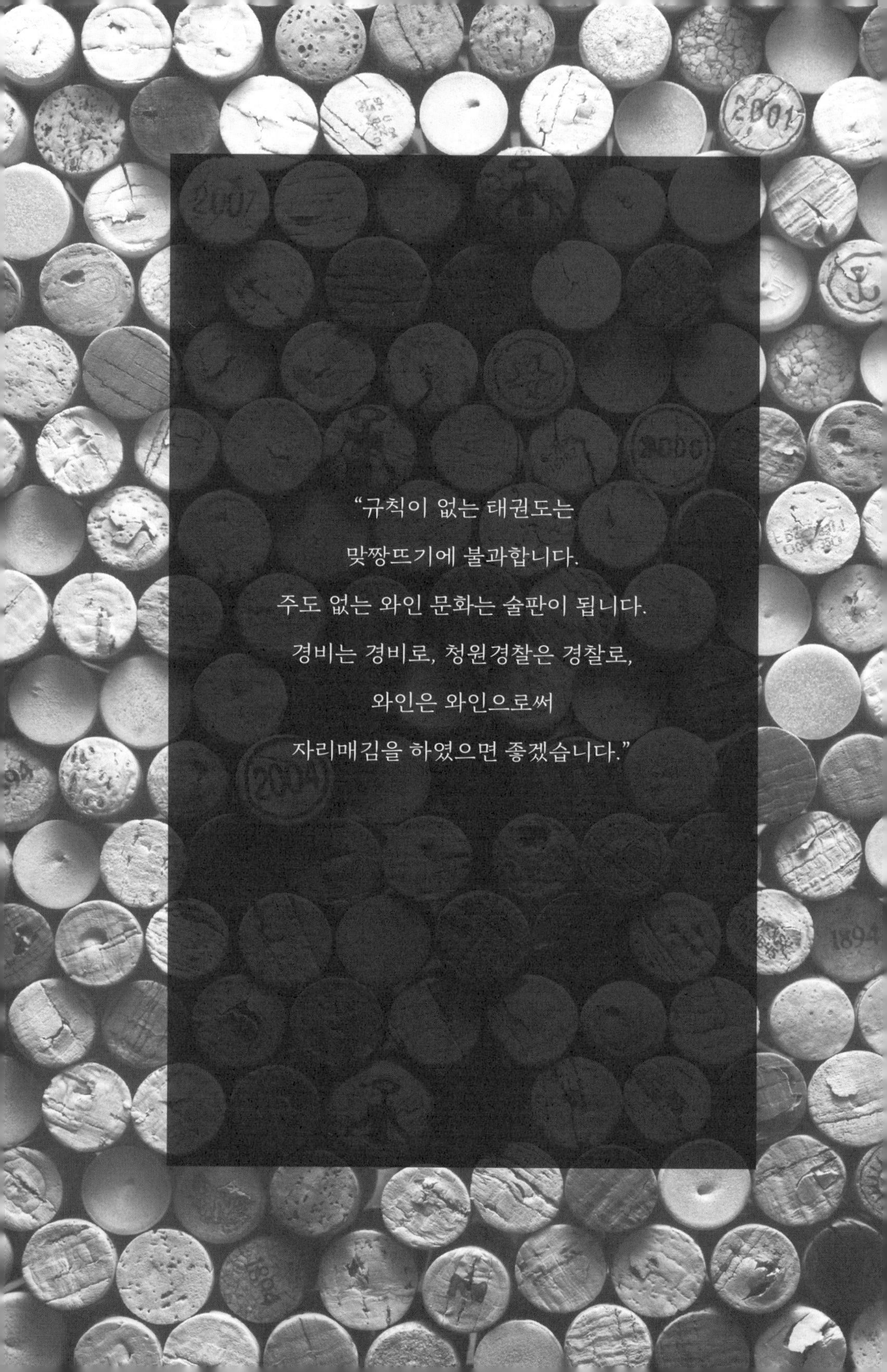

"규칙이 없는 태권도는
맞짱뜨기에 불과합니다.
주도 없는 와인 문화는 술판이 됩니다.
경비는 경비로, 청원경찰은 경찰로,
와인은 와인으로써
자리매김을 하였으면 좋겠습니다."

2부

안전 비용 & 서비스 비용

화재보험에 가입했다고 화재가 안 나는 것이 아닙니다. 저렴한 만큼 와인을 접할 기회가 많아진다고 해서 와인을 더 알게 되는 것은 아닙니다. 화재보상이 최선이 아닌 것처럼 값비싼 와인이 문화적 난이도를 높이지 않습니다. '안전'이란 사라진 비용만큼 누군가는 작은 이익을 얻지만 그 외는 커다란 화재위험에 노출되고, '서비스'란 사라진 비용만큼 누군가는 작은 수익을 얻지만 나머지에게는 '와인'은 그저 능력과 재력을 뽐낼 때 마시는 술이 됩니다.

이름

핸드폰을 구입했습니다. 또는 노트북을 구입했다 해도 괜찮습니다. 인증이라는 절차와 로그인이라는 행위가 있기에 그나마 핸드폰에 이름을 부여하지만, 이는 보안차원에서 이루어지는 일괄의 과정에 지나지 않습니다.

고양이를 분양받았습니다. 또는 강아지를 분양했다 해도 괜찮습니다. 음식으로 구매하지 않는 이상 이제는 한 가족이나 다름없기 때문에 이름을 지어줍니다. 노트북을 보고 이름을 부르는 것은 이상하게 보이지만 고양이한테 이름을 부르는 것은 하등에 문제가 없습니다. 반대로 핸드폰에게도 부여된 이름이 있지만 실제로는 안 불리어지는 이름이 있는데, 강아지를 분양하고서도 이름을 안 지어주고 그냥 '강아지'라고 사전적 이름을 부르고 실제 강아지 이름이 없다면 이상하지 않습니까?

와인마다 고유의 이름이 있습니다. 비싼 와인만 있는 것이 아닙니다. 와인이 저렴하든 저렴하지 않든 생산자 입장에서는 다 아들과 딸 같은 존재입니다. 각각의 와인병마다 고유 이름이 있는 대신 마이클처럼 무수히 같은 이름으로 중복되어 불릴지라도 와인은 '상표'로써 명칭이 있기 마련입니다. 하지만 이름이 있다 하더라도 저렴하다는 이유로 알코올 보충용으로 구별되어 이리저리, 이 테이블 저 테이블을 전전하다가 이름도 모른 채 생을 마감합니다. 강아지나 고양이처럼 이름이 있음에도 불구하고 노트북이나 핸드폰 같이 명목상 이름만 있을 뿐 제대로 된 이름조차도 불리어지지 못하는 처우를 받은 겁니다. 가족이 될 강아지에게 이름도 안 지어주고 그냥 '강아지'라고 부르는 것이 이상하듯 와인을 와인이라고 뭉뚱거려 부르는 것 또한 안 될 만큼 와인에게 몹쓸 짓을 하신 겁니다. 비싼 와인을 마시면서도 이름도 모른 채 마시는 사람들에게는 말할 것도 없지만 말입니다. 당신이 와인의 이름을 부르지 않으면 제일 저렴한 와인조차도 당신의 이름을 부르지 않고 그냥 인간이라고 당신에게 몹쓸 짓을 할 겁니다.

무면허 운전

난 너를 믿었던 만큼 난 너의 실력도 믿었기에

"방향이 무시된 속도는 무의미하다."

- 마하트마 간디

경차든 중형차든 외제차든 자동차의 조작은 통일되어 있습니다. 핸들로 좌우 조절하면서 가속페달을 밟으면 전진, 브레이크 페달을 밟으면 정지하는 등 서로 다른 자동차 열쇠를 주더라도 시동만 걸리면 다들 문제없이 운전만큼은 할 수 있습니다. 차마다 조작 방법에 차이가 많다면 대리운전 기사란 직업은 참으로 곤란해질 겁니다.

와인을 단순히 마신다는 것은 어렵지 않습니다. 고가 와인이든 저렴한 와인이든 물처럼 마시는 것 같은 방법이 사용됩니다.

그간 살면서 맥주, 소주, 양주 등등 많이 드셔보셨잖아요? 와인도 술이다 보니 오십보백보가 아니겠습니까? 여타 술도 마시다 보면서 알게 되었지 술을 아는 별다른 방법이 있었던 것은 아닙니다.

자동차가 조작이 쉽게 만들어졌다 하더라도, 그래서 운전이 쉽다 하더라도 우리는 면허라는 방향이 꼭 필요합니다. 이와 마찬가지로 와인이 마시는 술이라 할지라도 주도라는 방향이 필요합니다. 자동차 조작이 쉽다고 면허취득이라는 방향이 무시된 채 무작정 핸들을 잡고 실전 경험의 속도를 내는 것은 무의미합니다. 결국 사고로 이어지는 경우가 많기 때문입니다. 와인의 방향을 무시하고 여러 와인을 마시는 것에 속도를 내어 많이 마시는 것은 무의미합니다. 결국 인간을 개로 만들 수 있는 술에 불과하게 됩니다.

운전대는 천천히 잡아도 됩니다. 면허를 따고 운전해도 늦지 않습니다. 당장 급하다고, 조작이 쉽다고 면허라는 방향을 잡는 데 공들여야 할 시간을 운전이라는 실전 경험을 익히는 데 할애하지 마십시오. 와인, 천천히 마셔도 됩니다. 세상에 와인은 많습니다. 당신이 마시는 속도보다 생산되는 속도가 빠릅니다. 주도라는 방향을 잡는 데 공들여야 할 시간을 무작정 마시는 실전 경험에 할애하지 마십시오.

점쟁이의 오류

내게만 말해봐 소원을 말해봐

한 건장한 젊은이가 있습니다. 용하다는 점집에 가서 점을 쳤는데 엄청난 부자가 될 상이라고 점괘가 나왔습니다. 그때부터 그 청년은 일도 하지 않고, 미래를 설계하지 않고 놀고 먹기만 했습니다. 주변에서 뭐라 해도 부모님이 말려도 용하고 용한 점쟁이의 말에 전적으로 신용을 했습니다. 결혼을 해서도 가장으로써의 역할은 뒷전이었습니다. 있던 재산은 야금야금 갈아먹었고, 결국엔 그 청년이 죽어서 가족들에게 남겨준 재산은 초가집과 그를 지탱하는 조그마한 앞마당뿐이었습니다. 자식들은 아버지를 묻을 땅이 없어서 마당 텃밭에 땅을 파고 묻으려 했습니다. 땅을 파다보니 못 보던 커다란 상자가 나왔고, 거기에는 금은보화가 가득 들어있었습니다. 마당 텃밭 정도라도 갈 만한

눈곱만큼의 성실함만큼만 있었어도 죽기 전에 엄청난 부자가 되었을 것입니다.

이 글의 이야기가 선사하는 내용은 자신이 믿고 싶은 것만 믿은 결과입니다. 이는 믿음이 아닌 맹신이고, 일을 하기 싫은 핑계로 작용한 것뿐입니다. 코앞에 보물이 있어도 "잘못된 믿음은 게으름으로 승화된다!" 이 정도일 겁니다. 저는 이야기를 들으면서 점쟁이가 참 홍미로웠습니다. 좀 더 자세히 점을 쳐줬더라면 그 청년이 올바르게 듣지 않았을까 하는 생각이 말입니다. "당신은 큰 부자가 될 상이야." 말고 "(남들보다 조금만 노력하더라도) 당신은 큰 부자가 될 상이야."라고 말입니다.

와인 모임을 진행할 때 일상 있는 풍경입니다. 저는 신입회원이 와인에 대해서 물어봤을 때 짧게 대답할 수도 있지만 그래도 길게 조금이라도 부연해서 대답하는 이유가 여기에 있는 듯합니다. 점쟁이처럼 겉으로는 깔끔해보이는 대답이 좋아 보이지만 이 짧은 정보가 왜곡되어서 작용으로 이어지면 제가 선의로 대답한 내용일지라도 아니 대답한 것만 못한 결과가 나올 수 있기 때문입니다. "와인이 몇 도예요?" 하고 물어본다면 "약 13도입니다."라고 깔끔하게 대답하는 것보다 "일반 소주보다는 도수는 낮지만 와인 한 병의 양이 소주 한 병보다 2배 많습니다. 그래서 와인 한 병 다 드시면 소주 한 병 마시는 것보다 더 아딸딸하실 겁니다."라고요. 기존의 술에 빗대어서 알려드렸기 때문에 그 회원은 와인을 보다 쉽게 조절하는 방법을 알게 된 것이고, 이 친근감을 토대로 와인이 더 이상 술이 아닌 '와인'이라는 고유명사로 거듭날 수 있는 첫 단추로 길을 내어준 겁니다. 용한 점쟁이가 되고 싶으세요? 용한 와쟁이가 되고 싶으세요? 듣는 사람으로 하여금 오해 없이 해몽(?)해드리는 것이 노하우입니다.

안전 비용 & 서비스 비용

나 보기 역겨워 가실 때에는 말없이 고이 계산해

"물에 강한 것은 불에 약하다."

"하나에 크게 강하면 다른 하나에 지나치게 약하다."

- 삼국지 제갈공명

요즘 주변에서 화재가 많이 일어나고 있습니다. 사회가 복잡해지고 조밀해질수록 화재가 발생되는 확률은 더더욱 커집니다. 그러기에 화재는 확률을 따져보아도 일어날 수밖에 없는 위험이라고 할 수 있습니다. 화재를 무서워하고 위험을 최소한도로 하는 이유는 시작에 비해 결과가 너무나도 거대하기 때문입니다. 화재가 나더라도 피해 결과가 작고, 그 범위가 크지 않다면 그냥 불꽃놀이 수준으로 여길 수 있겠지만 수십 명의 목숨이 오고 갈 정도의 결과라면 화재예방에 최선을 다하라는 것은 과하여도 모자람이 없다 하겠습니다. 화재라 쓰고 우리는 인재라고 읽을 때가 있습니다. 만일을 대비해 방재를 위한 시설 또는 건축을 해야 하는데 '안전'을 '비용'으로 생각하고 이를 간과하여 큰 결과를 키웁니다.

우리나라 와인은 다른 주류에 비해 가격이 높게 형성되어 있습니다. 예전에 비해서 마트를 가거나 편의점에 가서도 쉽게 와인을 접할 수는 있지만 우리가 평소 마시는 맥주나 소주에 비해 가격의 온도차가 여전히 큽니다. 원가가 비싸다보니 와인을 판매하는 레스토랑에서도 와인의 가격은 당연히 부담이 됩니다. 이러한 열악한 여건 속에서도 판매이익의 극대화를 꾀하거나 가격 경쟁력을 얻기 위해서 '서비스'를 '비용'으로 생각한 나머지 와인 문화는 점점 사라지고 알코올만 남게 되었습니다. 와인잔은 물잔 수준으로 교체되었고, 소믈리에는 웨이터 일을 겸하게 되었으며, 와인 셀러에 있어야 할 와인은 매장 인테리어로 전락하였습니다.

화재보험에 가입했다고 화재가 안 나는 것이 아닙니다. 저렴한 만큼 와인을 접할 기회가 많아진다고 해서 와인을 더 알게 되는 것은 아닙니다. 화재보상이 최선이 아닌 것처럼 값비싼 와인이 문화적 난이도를 높이지 않습니다. '안전'이란 사라진 비용만큼 누군가는 작은 이익을 얻지만 그 외는 커다란 화재위험에 노출되고, '서비스'란 사라진 비용만큼 누군가는 작은 수익을 얻지만 나머지에게는 '와인'은 능력과 재력을 뽐낼 때 마시는 술이 됩니다.

교실 핸드폰

대학교 강의실에 있습니다. 핸드폰 벨소리가 울리고 교수는 짜증을 냅니다. 수업 매너도 없다면서 방방 뜹니다. 전공 수업이라면 완전 찍힌 겁니다.

시간이 조금 흐른 대학교 강의실에 있습니다. 핸드폰 벨소리가 울렸고 학생들은 수업을 들으면서 생각합니다. "누군지는 몰라도 한소리 듣겠네!" 알고 보니 교수 주머니에서 울립니다. 교수님이 살짝 웃더니만 미안하다고 하면서 전화를 끊습니다.

지금의 대학교 강의실입니다. 핸드폰 벨소리에 서로들 관대해졌습니다. 진동이 매너이지만 수업 도중에 핸드폰 벨이 울리더라도 수업은 그 벨소리 자체를 셀프로 무음으로 처리해버리고 무시한 채 수업을 계속합니다.

우리 사회는 아직까지 와인에 '관대'하지는 않습니다. 레스토랑에서 와인을 마시는 사람들을 보면 "시큼털털 포도주! 저기 똥폼 잡네! 니들이 와인을 알아? 돈지랄이야! 주스가 술은 아니지! 연애주……." 등등 편견이 많습니다. 아직은 와인 문화에 대한 온도차가 있기 때문입니다. 엎친 데 덮친 격으로 지나친 가격경쟁을 통한 와인의 대중화를 꾀하는 방법은 도리어 판매에 치중을 하게 되다 보니까 와인 문화의 하향화를 불러왔습니다. 레스토랑에서 와인을 마시는 사람들 대부분도 기분전환을 위해, 또는 예전에 비해 싸다고 해서 마시는 일회성이 큽니다.

와인 필드에 계신 분들이나 또는 와인을 한 숟가락이라도 더 드셔본 분들이 와인을 어색해하는 이들에게 먼저 손을 내밀어 주셨으면 하는 바람이 있습니다. '콜키지 프리, 와인 셀러 이용 가능, 디켄더 사용 가능' 등등입니다. 매장 앞에 "집에 있는 와인 갖고 오셔서 편히 드세요."라는 문구만 '관대'해주신다면 누군가에게는 와인 문화를 경험하는 첫 단추가 될 수 있으리라 생각됩니다. 블랙커피가 아메리카노가 되었고, 설탕커피가 쓰디쓴 커피로 거듭났듯이 달달한 과실주가 포도주로 거듭나고, 포도주에서 이제는 당당한 와인으로 승천하였으면 하는 바람이 있습니다.

행복

지나간 것은 지나간 대로 그런 이유가 있죠

얼마 전 텔레비전에서 가나 출신 출연진이 한국 방송인(연예인)을 초대해서 모국에서 벌어지는 에피소드를 주제로 하는 방송 프로그램을 본 적이 있습니다. 외국의 모습이 스크린에 그려질 때 머릿속에 자동적으로 작동이 되는 프로세서가 있습니다. '우리나라와 비교하기'입니다. "저기는 낙후되었네! 비위생적이네! 역시 잘 산다! 멋있다!" 등등입니다. 텔레비전에 그려진 가나의 모습은 낙후였습니다. "돈을 내고 여행을 가기엔 아깝다." 이 정도 느낌입니다. "우리나라보다 못사는군! 역시 우리나라가 기술발전이 뛰어나! 우리가 더 선진국이구나! 경제가 이 정도 수준이군!" 하지만 우리는 알고 있습니다. 높은 경제력이 높은 행복지수를 뜻하지는 않는다는 걸요. 우울증과 자살, 그리고 도

시병에 시달리는 가나인의 모습은 텔레비전 속에서 보이지 않습니다. 어려워도 다함께 행복한 모습이 보였습니다.

와인도 얼마나 '유명한가, 비싼가'보다 주어진 환경에서 얼마나 와인을 '잘 마시냐'가 중요합니다. 와인의 컨디션을 고려하여 미리 와인을 개봉하거나 와인 디켄더를 사용하는 것이 그러합니다. 갖고 온 와인조차 서열화하여 마시면서 품평하는 시간보다는 각각의 와인이 자신을 최대한 표현할 수 있는 여건을 만들어주면서 와인 스스로 최선을 다하는 모습을 보여줄 수 있는 것이 와인과 함께하는 '행복'이 아닌가 싶습니다.

방송에서 타국에 그려지는 사람들이 입고 있는 모습이나 사회 기반시설 등등을 우리나라와 비교하려는 머릿속 알고리즘을 통해 여러분이 얻을 수 있는 것은 열등감을 기반으로 한 우월감뿐이지 행복은 별도입니다. 와인도 마찬가지입니다. 와인을 통한 우월감은 와인을 마시는 '행복함'에서 오는 것이 아니라, 술을 마셔서 오는 우월감에 지나지 않습니다.

점쟁이가 돈을 받는 이유

하나부터 열까지 다 돈을 위한 소리

점쟁이에게 점을 칠 때 돈을 지불하는 이유에 대해서 생각해 봅니다. 우리는 이를 흔히 복채라고 합니다. 고객과 점쟁이(무당, 타로 등등)가 점을 치는 장면을 영화 속 또는 텔레비전에서 많이 봐왔습니다. 현실과는 다소 차이는 있지만 점괘와 돈이 오고 가는 점에 있어서 큰 패턴을 같이 합니다. 이러한 장면을 많이 봐왔기 때문에 우리는 의례히 점을 치기 위해서는 그 대가로 돈을 주는 것으로 프레임이 짜져 있습니다. 이 틀에서는 점괘라는 정보와 그 대가라는 거래가 자연스럽게 짜져 있습니다.

여기서 이 프레임에 대한 의심을 해봅니다. 점쟁이는 돈을 벌 목적으로 점을 치나? 돈이 목적이 아닌 점쟁이가 있습니다. 뭐 먹고 사냐고요? 자본주의 사회이고, 돈이 사회생활에 있어서 중요한 매개체임은 틀림이 없습니다. 굳이 돈이 충분히 있거나 다른 벌이로도 충분히 돈을 벌 수 있다면 돈이 목적이 아닌 점쟁이도 있습니다. 그래서 무료로 점을 쳐줄 수도 있겠지만 꼭 그네들도 돈을 받습니다. 돈을 받는 점에서 차이점이 없다고요? 아닙니다. '돈을 받는 목적'에서 그 차이점이 있습니다. 전자는 돈을 벌어 소비하거나 또는 축적하는 개념이 큽니다. 후자는 이와 대조적으로 점괘에 믿음을 주기 위해서 돈을 받습니다. 우리는 공짜 또는 쉽게 얻은 정보를 괄시하거나 무시하는 경향이 있습니다. 대신 커다란 대가를 지불한 경우는 더 소중히 다루게 됩니다. 그들 입장에서는 정말 중요한 점괘인데 대상자로 하여금 너무 쉽게 알려줘 한 귀로 듣고 한 귀로 흘려듣게 만들어 정작 꼭 들어야 할 점괘를 놓치게 만들까봐입니다. 그래서 대가를 요구합니다. 여기서 중요하면 할수록 더 큰 대가를 말입니다.

와인을 공부하는 것이 직업으로써의 역할이 큰 사람도 있지만 돈이 목적이 아닌 사람들도 있습니다. 1석 2조라고 처음에는 취미로 배웠다가 돈벌이로 전행하는 사람들도 있고, 현재 직업의 보험으로 여기는 사람들도 있을 겁니다. 돈이 목적이 아닌 이들의 와인 접근법은 상당히 다릅니다. 우선 와인을 좋아하는 사람을 주변에서 찾습니다. 그리고 어떠한 기준을 두어 자신만의 와인을 보호합니다. 와인은 판매 목적이 아니기 때문에 와인의 가격과 제조국에 민감하지 않습니다. 이들은 와인을 제3

자에게 표현하고자 할 때 자신이 구축한 자신만의 와인과 상업성에 가려 빛을 보지 못한 와인의 신세계를 보여주려고 합니다. 저는 와인 모임을 하기 전 '와인 회비'라는 장치를 만들어놓습니다. 공짜로도 모임을 할 수 있지만, 그러면 와인의 소중함이 간과될 수 있습니다. 이 장치만 통과하면, 즉 와인 회비를 지불하고 모임에 참석만 한다면 비용 이상의 대가가 있다는 것조차도 당장 못 느낄 만큼 큰 혜택이 있습니다.

돈을 긁어모으는 점쟁이들이 있습니다. 그래서 점괘를 받은 사람들이 미래를 내다보고 인생이 잘 풀렸는지는 모르겠습니다. 와인으로 돈을 긁어모으는 사람들이 있습니다. 술을 팔았는지 와인을 팔았는지는 모르겠습니다. 하지만 보이는 것이 다가 아닐 수 있습니다. '프레임'을 의심하세요.

경비

스탠 바이 유어 맨 스탠 바이 유어 APT

아파트에는 경비원이 있습니다. 빌라에는 특별한 경우를 제외하고 경비원이 없습니다. 아파트에 경비원이 있는 이유는 법으로 정해져 있기 때문입니다. 만약 법이 없다면 아파트에도 경비원은 없다는 것에 한 표를 던집니다. 은행에 가면 청원경찰이 있습니다. 이들도 법이 없다면 존재하지 않는다는 것에 또 한 표를 던지고 싶습니다. 아파트 경비원의 주된 일은 '경비'입니다. 하지만 제가 보는 경비원은 주업무가 청소이고, 부업무가 택배관리로 보입니다. 안전을 위해서 눈 오는 날 아파트 입구나 최소한 정도의 통행로 확보를 위한 약간의 눈을 치우는 정도는 경비원이 할 수는 있겠지만 아파트 주변에 있는 눈 몽땅 치우기, 가을이면 낙엽 몽땅 쓸기, 화단 잡초 제거, 가지치기, 쓰레기

등 분리수거는 결코 경비원의 일은 아니라고 봅니다.

경비원이 아닌 다른 존재(?)를 고용해야 합니다. 경비원은 경비일을 해야 합니다. 언제 있을지 모르는 위험에 대비할 수 있어야 합니다. 경비원이 경비일을 해야 하는데 정말 엉뚱한 일을 더 하고 있습니다. 청원경찰은 경찰의 역할을 해야 합니다. 하지만 제가 아는 경찰은 은행 민원업무를 하고 있습니다. 일손이 없어 겸사겸사 이일 저일 하고 있는 것을 목격하는데 청원경찰도 만일을 위해 자신의 일만 해야 한다는 것이 정답입니다.

와인 모임을 가다 보면 와인이 맥주와 소주로 빙의되어 있는 모습을 자주 목격합니다. 술은 취향이라는 미명하에 와인도 술이라는 논리를 들어 멋대로 마십니다. 파도타기, 섞어 마시기, 가득 따라 마시기, 잔 돌리기, 폭탄주 제조, 이까심 주……. 와인은 와인 나름의 주도가 있습니다. 위 사례는 단적인 사례이긴 하지만 "어디 가서 와인 마셨다!"라는 경력 섞긴 말은 안 하셨음 합니다.

청소하고 택배 나르고 잡초 뽑는 경비원을 애초부터 봐왔다면 경비원이 하는 일이 그러한 것으로 굳어집니다. 비정상이 정상화가 되어버립니다. 와인 문화가 비정상이 정상화가 되어가는 모습을 원치 않게 지켜보게 됩니다. 남들도 그러기에 그런 줄 알았던 와인 문화가 그대로 답습이 되고, 반복이 되는 과정에서 새로운 논리가 더해서 정의가 되어버립니다. 규칙이 없는 태권도는 맞짱뜨기에 불과합니다. 주도 없는 와인 문화는 술판이 됩니다. 경비는 경비로, 청원경찰은 경찰로, 와인은 와인으로써 자리매김을 하였으면 좋겠습니다.

점수

신병 교육대 있을 때입니다. 신병들에게,

"야, 워드 몇 타 쳐?"

"300요, 350이요, 400이요……."

타수가 높은 신병들이 컴퓨터를 더 잘한다고 판단하여 행정병으로 우선 선발되었습니다. 군대에서 제일 많이 사용되는 프로그램이 한글워드 프로그램이고, 워드 타수가 빠를수록 문서를 빨리 작성할 수 있다고는 하지만 비단 타수의 속도가 문서를 완성하는 한 요소일 뿐이지, 타수로 워드의 실력 여부를 따졌다면 역시 '군대스럽다'라는 소리가 절로 나와도 할 말이 없을 듯합니다.

"너 영어 얼마나 잘해? 전 토익 600, 전 850, 전 950."

"오! 950? 진짜 잘한다."

우리는 영어의 실력의 척도로 토익 점수를 보곤 했습니다. 하지만 이제는 압니다. 토익 점수가 비단 영어 실력의 한 부분이 될 수는 있지만 전체는 될 수 없더라고요. 하지만 우리는 아직도 토익 점수에 연연합니다. 외국인을 만나면 긴장하는 물 토익은 한국의 특성인 듯합니다. 이렇듯 우리는 와인을 아는 척도로 "얼마나 오래 마셨나?"가 중요한 역할을 합니다. 기간이 길수록 그에 비례해서 와인을 많이 마셔봤을 것으로 판단하기 때문입니다. 그래서 가끔 와인 자리에서는 와인 마신 기간이 언급이 되고, 그 기간을 통해 와인을 아는 정도로 측정되기도 합니다.

"너 워드 몇 타야? 토익 점수는? 와인 언제부터 마셨어?"

저는 다 동의어로 들립니다. "방향이 무시된 속도는 무의미하다."와 같은 간디의 말처럼 맥주 또는 소주를 와인으로 빙의시켜 와인을 마셔온 사람들은 와인을 마신 것이 아닌 술을 마신 겁니다. 술을 좋아하고 즐기는 것까지는 개인의 취향이므로 뭐라 하지 않습니다. 하지만 그 기간을 와인의 경력으로 둔갑시키고, 어깨에 힘을 주고 다니는 일은 없어야겠습니다. 서당 개 3년이면 풍월을 읊는 정도만 하셨으면 합니다.

라면

만약에 내가 간다면 내가 사러 간다면

라면의 기본 레시피가 있습니다. 라면 봉지에 보면 가장 기본적인 조리방법이 있습니다. 물론 기호에 따라 응용도 가능하고요. 우선 적절한 끓는 물과 라면과 스프를 넣고 기다림이란 과정을 거치면 라면이 완성됩니다. 가장 간결한 라면 조리법이라 할 수 있습니다. 하지만 라면을 끓여먹지 않고 빠개먹는 이들도 있습니다. 과자처럼요. 과자처럼 먹어서 그런지 먹어도 끓여먹는 만큼 포만감도 적고 한 끼 밥을 먹었다는 느낌도 적습니다.

우리는 와인을 나름 잘 마신다고는 하지만 잘 살펴보면 라면처럼 끓여먹지 않고 빠개먹고 있음을 모르고 와인을 마십니다. 그리고선 와인을 안다고 합니다. 라면의 맛은 끓인 뒤에 나옵니다. 신라면인지 안성탕면인지는 조리 후에 확실히 차이가 납니다. 라면의 종류가 다양해도 생라면 상태에서 그 차이를 구별하기란 정말 어렵습니다. 기껏해야 면발의 굵기를 통한 너구리나 스낵면 정도만 확실하게 구별하겠네요. 생라면을 먹으면서 라면의 맛 찾기를 하면 묘기 같지 않습니까? 우리는 생라면 와인을 마시면서 와인을 알기 원했고 다 배웠다 합니다. 라면처럼 조리된 와인의 세계는 더 알고자 하지도 않습니다. 이미 알았다 생각하니까요. 와인만의 포만감을 찾아야 합니다. 생라면 와인은 그만 드셔도 됩니다. 조리된 와인이란 신세계가 분명 존재합니다.

생선

한밤중에 목이 말라 냉장고를 열어보니

우리 식탁에 올라오는 생선은 일정한 패턴이 있습니다. 기본적으로 계절에 따라 생선의 종류가 다릅니다. 생선도 저마다 맛있는 때가 있습니다. 지금은 냉동 기술이 발달이 되어서 제철 생선의 의미가 많이 사라지고 있지만 말입니다. 물론 수입산도 넓게 보면 냉동 기술의 일환이라고 할 수 있고요. 계절별 패턴을 넘어서 더 크게 보면 또 다른 패턴도 보입니다. 늘 우리가 익숙한 생선을 먹고 있다는 것을 알게 됩니다. 조기, 갈치, 삼치, 동태, 명태 등등 말입니다. 조리가 힘들어서 집에서 잘 먹지는 않지만 아귀, 미꾸라지 등등도 생소한 생선이 아닙니다. 하지만 식용 물고기의 종류는 상당합니다. 도시 사람들이 접하기 힘들어서 그렇지 바닷가 등 현지에 가면 태어나서 처음 이름을 들어보는 생선인데 맛이 일품인 생선들을 종종 발견합니다. "아줌마, 이 물고기 뭐죠?" 아줌마는 외지 사람들의 이러한 질문에 계속 반복되어 왔던 질문일지라도 싫증내지 않습니다. 생선 맛에 화들짝 놀라 묻는 건데 짜증을 낼 이유가 없기 때문입니다. 우리 식탁엔 일반적인 고기, 누구나 잘 알고 있어서 무탈한 고기, 그렇게 형성되어 다시 찾게 되는 고기들이 대부분입니다. 그래서 고기의 소비도 쏠림이 심해졌고, 그에 따라 익숙한 고기들은 수요와 공급의 원리에 물가가 더해져 새로운 '몸값'이 형성되기도 합니다.

우리가 마시는 와인도 도시 생선과 같습니다. 현지에 가면 우리가 모르는 현지 와인이 있습니다. 이름 모를 물고기의 맛처럼 가격 대비 뛰어난 와인에 놀랄 수도 있고, "이렇게 좋은 와인이 수입이 여태 안 되나?" 하면서 유통을 탓할 수도 있으며, 이곳을 떠나서도 어떻게 이 와인을 계속 마실 수 있을까 궁리도 할 겁니다. 어쩌면 우리가 도시에서 마시는 와인은 그 누군가에 의해 '주어진 와인' 또는 '세팅된 와인'이 아닐까 하는 생각을 합니다. 일반적인 와인, 무탈한 와인, 와인 대대로 호응이 좋았던 와인처럼 말입니다. 주어진 와인을 통해 다 안다고 하지 맙시다. 그렇다고 현지에 가보시라는 이야기는 아닙니다. 내가 마시는 와인은 주어진 와인 또는 차려진 와인이라는 점을 꼭 알고 와인을 배워야 한다는 겁니다. 와인의 큰 그림을 보세요. 몸값 올라간 와인을 마셔야만 와인이 아니고, 즐기기에 충분한 와인이 있다는 사실을 잊지 마세요.

올림픽

그댄 나의 챔피언 너와 나의 챔피언

올림픽 경기에 출전한 선수들을 저는 스포츠맨이라고 부릅니다. 여자 선수도 있으니까 스포츠걸도 틀린 표현은 아니라고 해두겠습니다. 스포츠맨은 운동을 참 잘하니까 올림픽에 출전도 하는 것 아닐까요? 여기서 잠깐! 그렇다면 운동이란 단수일까요? 복수일까요? 정답은 단수입니다. 김연아가 태권도 출전은 할 수 없습니다. 축구팀을 야구팀으로 보내는 것은 말도 안 됩니다. 물론 운동신경이 남달라서 빨리 배울 수 있지만 종목을 다르게 해서 출전한다면 우리는 꼴지를 합니다. 저마다 잘하는 운동에 출전해야 메달권에 진입할 수 있습니다.

와인을 포도로 만든다는 것은 다 아실 겁니다. 귤로도 사과로도 와인을 만들 수 있지만 그때는 꼭 귤 와인, 사과 와인이라고 뜻을 붙입니다. 누군가 "불고기 먹으러 가자!"라고 말하면 다들 소고기로 여깁니다. 물론 돼지 불고기도 있긴 하지만 돼지고기라면 돼지 불고기라고 뜻을 붙이듯이 말입니다. 와인은 포도로 빚은 술이지만 포도의 품종이 상당히 많습니다. 그러다 보니까 그 향도 맛도 포도의 품종에 따라 다르게 표현이 됩니다. 와이너리 또는 생산자가 그 많은 포도 품종 중에서 하필 그 품종을 선택한 이유는 그 지방에서 최적의 최상의 품질이기 때문입니다. 그러기에 각각의 와이너리들은 자신만의 대표선수를 선발해서 와인을 빚습니다. 물론 다른 품종들도 재배하기는 하지만 우리나라 쌀에 비교하면 쌀밥에 섞는 잡곡 수준입니다.

소비자 입장에서 보기에는 다양한 품종으로 빚은 다양한 와인으로 보이겠지만 생산자 입장에서는 자신의 밭에서 생산되는 와인이 와인의 전부입니다. 올림픽에 출전하는 선수들이 같은 유니폼을 입고 있다 하더라도 서로들 참가하는 종목은 다릅니다. 와인이 같은 와인인 듯하지만 저마다 그 지역 최상의 포도로 출전한 선수와 같습니다. 우리에게는 다양한 품종에 다양한 종목의 참가선수들로 보이지만 그들은 각각에 대표선수입니다. 그러기에 우리는 와인을 볼 때 품종에 집착을 하고 서로 비교를 하고 하지만 생산자 입장에서 보면 자신의 와인이 곧 챔피언입니다.

서로 다른 품종을 비교하면서 와인을 마시는 사람들은 비교

그 자체가 와인 공부가 된다고 생각합니다. 그래서 와인을 함께 마실 기회가 있을 때 마시고 있는 와인의 품종을 정확하게 찾아내면 실력자이고, 품종을 잘 못 찾아내면 초보자라고 매듭짓습니다. 하지만 이러한 품종 찾기는 서커스 묘기에 불과합니다. 와인을 잘 아는 것과는 별개입니다. 올림픽에서 선수의 기량은 같은 종목끼리 하는 겁니다. 탁구와 배구가 하지 않습니다. 같은 품종으로 만들었다 하더라도 제작방식이나 만든 이의 정신에 따라 와인이 향과 맛이 틀려집니다. 한 품종이 꼭 같은 맛을 내는 것이 아니기 때문입니다. 그리고 그 와인의 컨디션에 따라서도 그 맛과 향이 틀려지는데 품종으로 와인을 구별하여 익히는 것으로 와인을 배웠다 말할 수는 없는 것입니다. 선수들의 역량도 중요하지만 감독 또는 리더의 역할이 선수에게 미치는 영향이 지대하고, 좋은 성적을 갖고 있는 선수라도 그날의 컨디션에 따라 실력의 여하가 틀려지듯이 와인도 출전선수와 다름없습니다.

와인의 품종으로 자신만에 와인의 카테고리를 만들려 하지 마십시오. 마라톤을 제외하더라도 매달 1개의 가치는 종목마다 동일합니다. 저마다의 와인의 품종은 각각의 메달리스트입니다. 금·은·동 구별도 시간낭비입니다.

글쓰기

화장실문이 별도로 있기는 하지만 복도로 나가기 위해서는 다른 견고한 철문을 지나쳐야 합니다. 약 6개월 동안 이 철문을 드나들면서 특별한 점이 하나 있다면 철문 문고리가 살짝 고장 나서 오른쪽으로 돌리면 잘 안 열리고, 왼쪽으로 돌려야 잘 열린다는 것입니다. 이 점을 빼고 누구나에게 열고 닫는 평범한 문짝에 불과합니다. 한 번은 신입사원이 입사를 해서 사무실 이곳 저곳을 살피다가 화장실로 통하는 철문을 보고 별 뜻 없이 한마디를 했습니다. “이 철문 비밀번호가 뭐죠?” 하면서 만지작 만지작거리는 겁니다. 순간 저와 같이 일했던 기존 직원은 놀랐습니다. “어라! 디지털 자동키가 있었네?” 갑작스럽게 눈앞에 만들어진 자동키를 보면서 당황했습니다. 물론 물어본 신입직원도 우리 반응에 "모지? 오늘 온 나도 바로 자동키가 보이는데 여태 근무한 사람들이 이것도 몰라?" 하는 눈빛이 역력했습니다.

와인을 마심에 있어서 와인에 관심을 갖지 않고 그냥 모임에 계속적으로 참석하는 경우가 있습니다. 모임 주최자가 와인을 공들여 준비했음에도 그에게는 평소대로 그냥 보통 와인인 겁니다. 와인에 대한 관심의 난이도가 맥주도 소주도 아닌 '술의 한 종류'라는 정도의 관심만 갖고 여태 모임에 참석을 하신 겁니다. 이런 자리 속에서 와인은 그저 술 종류 중 하나로 전락해 버린다는 사실을 잘 알고 있습니다. 그냥 알코올로써 말입니다. 그래서 와인을 대하는 온도차가 크면 클수록 최대 피해자는 준비된 와인이 됩니다. 이는 화장실로 통하는 철문의 자동키는 만에 하나 있을 보안을 위해서 그 누군가가 큰 뜻이 있어 설치한 장치였습니다. 그런데 그 뜻을 간과한 채 그 효용을 방치, 심지어는 그 존재도 몰랐던 저희와 맥락을 같이 합니다. 그냥 철문으로 보나, 그냥 술로 보나 마찬가지입니다. 철문에 설치된 자동키가 가장 불쌍하죠. 애써 준비된 와인처럼 말입니다.

와인을 처음 배우고자 하는 참석자의 눈빛은 강렬합니다. 모든 것이 새롭습니다. 그러기에 세심하게 봅니다. 깊이는 없고 표면적인 궁금함이 대부분이지만 때로는 처음 배우고자 참석한 회원들의 갑작스런 질문에 당황할 수도 있습니다. 기존에 있던 사람들이 자동키의 존재를 몰라서 당황했던 것처럼요. 와인을 잘 아는 회원도 매번 접하는 것이라 할지라도 '순간'은 모를 수 있잖아요? 그럴 때는 솔직하게 말할 수 있는 용기를 가져야 합니다. 이는 철문에 달려있는 자동키가 달려있는지 몰랐다고 솔직하게 말을 해야지, 이를 아는 체해서는 안 된다는 겁니다. 본인의 메테인지에 속아서 와인을 아는 척하면 안 됩니다.

와인을 오래 마시면 마실수록 실력자이고, 비싼 것을 접하면 접할수록 고수 취급을 받다 보니 회원들 앞에선 다 알고 있다는 자만을 갖고 있습니다. 평소 술처럼 와인을 마신 것이 실력이 되고, 고수가 되는 것이 아닌데 말입니다. 그래서 모르면 모른다 하면 되지, 별거 아니라는 식으로 회피하듯 답변해서는 안 됩니다. 신입의 궁금함이 와인을 아는 데 있어서 물어봄이 엉뚱하다 하더라도 솔직하게 말할 '자신'만큼은 있어야 합니다.

친구

네모난 상자 육교 위 얄리

말은 입에서 태어나 귀에서 사라진다고 합니다. 그 중 어떤 것은 사라지지 않고 마음에 도달한다고 합니다. 그래서 말은 그 대부분이 사라진다 하더라도 중요합니다. 술은 잔에서 태어나 입에서 사라집니다. 그 중 어떤 것은 사라지지 않고 가슴에 도달합니다. 그래서 술은 그 대부분이 입에서 사라진다 하더라도 중요합니다. 사람들은 사라지는 말을 마음에 담기 위해 좋은 사람들을 만나러가고 그들 속에서 함께합니다. 그리고 저는 사라지는 술을 가슴에 담기 위해 수많은 술 중에 와인을 선택하였고, 지금도 와인과 함께합니다.

사랑하는 사람끼리는 상처를 줘서는 안 됩니다. 아프면 아픈 것이지 아파야 청춘이 아닌 것처럼, 상처는 상처이지 사랑의 일부라고 하면 안 됩니다. 와인을 함께 마시는 사람들과는 와인에 취해서 행패를 부려서는 안 됩니다. 취중진담은 진담이 아닌 것처럼 막말은 막말이지 진심의 일부라 하면 안 됩니다. 좋은 친구를 만나면 할 말도 많아지고, 위로도 받고 싶어 합니다. 좋은 와인을 만나면 같이 마시고 싶고, 함께하는 자리를 통해 위로도 받습니다. 그래서 저의 친구는 와인이고, 와인 또한 제 친구가 되었습니다. 와인을 마실 때 제 친구인 와인과 함께하다 보니까 막말도 없고, 주사도 없고, 상처도 없습니다. 그래서 귀에서도 입에서도 사라진다 하더라도 그 일부는 마음에 가슴에 도달하기도 하고 도착하기도 하는 겁니다.

시(poem, 詩)

"J. 에반스 프리처드가 쓴 「시의 이해」는 압운과 율격, 비유를 알아야 하고, 시의 완성도를 그래프의 가로축(P)에 놓고 시의 중요도(I)를 세로축에 놓으면 시의 위대함을 계산(P × I =)하여 측정할 수 있다."

- 죽은 시인의 사회, 「시의 이해(정의)」 발췌

'죽은 시인의 사회'라는 영화는 1959년을 배경으로 보수적인 남자사립학교인 웰튼 아카데미에 국어 선생님이 부임하는데, 보수적인 학교에서 시와 문학을 가르치면서 틀에 박힌 삶을 강요받는 학생들에게 '틀'이 무엇인지 되돌아보게 하여 행동으로 작은 도약을 하는 내용을 담고 있습니다. 우리 민족은 시와 함께한 시간이 남다르기에 첫머리에 나열된 영화 속 '시의 정의'를 읽고 있노라면 웃음부터 나옵니다. 수학하면 머리에 쥐가 나는 사람들이 태반인데 시를 방정식으로 계산하여 설명하려니 더더욱 기가 찰 노릇입니다. "시가 뭐예요?"라고 누군가 물으면 "뭐였지?"라고 스스로에게 물어보면서 명확하게 답하지는 못하는 사람들이 대부분이겠지만, 하나 확실히 아는 것은 위 정의가 말하는 '시'는 절대 '시'가 아니라는 겁니다.

우리는 와인을 시만큼은 난해해합니다. 그래서 누군가가 와인을 수학공식처럼 정의를 하고 이해시킨다고 하면 그것이 와인인 줄 압니다. 손에 잡힐 듯 산술화가 되어 있기에 전문가 느낌도 물씬 풍깁니다. 우리는 이렇게 만들어진 와인 세상에 있었고, '와인 문화'가 아닌 '와인 시장'으로 전락하게 되었습니다. 시가 문학의 한 장르가 된 것처럼 와인도 술의 한 종류로 편입되었습니다. 술판의 도구로써 와인은 '문화'로 도약할 수 없도록 틀에 가둬두었습니다. 요즘에는 와인을 마시는 사람들이 늘어난 만큼 우리나라에서도 와인 문화의 태동이 보인다 하지만 이는 '와인 시장'에서 '와인 소비시장'으로 업그레이드된 것에 지나지 않습니다. 와인이 알코올이라 부어라 마셔라 하는 것이 아닙니다. 밥과 물은 삶을 유지라는 데 필요하지만 와인은 시처럼 삶을 '환기'해주기 때문에 함께하는 겁니다.

시를 가로 × 세로로 계산해서 점수를 매긴 뒤 텔레비전 시청

률처럼 순위를 매길 수 있을까요? 진달래꽃 92점 42위, 참회록 89점, 121위라고 한다면 정말 이상하죠? 죽은 시인의 사회 속 풍경입니다. 와인 매장을 방문하면 간혹 와인 병목에 점수가 매겨져 있는 종이 감투를 보게 됩니다. 전문가 그룹 또는 유명한 와인 평론가가 와인을 잘 모르는 소비자(?)를 위해 점수화해서 순위를 매겨놓았습니다. 우리는 와인을 모릅니다. 그래서 종이 감투는 숫자화가 되어 있기에 와인을 선택함에 있어서 실수를 줄이고, 합리적 소비를 할 수 있도록 뚜렷함을 제시하여 줍니다. 나만의 와인이 따로 있고, 와인과 함께한 추억이 다른데 평론가나 전문가들의 평가를 무조건 서열화하는 방식은 우선 '글쎄'입니다. 영화 속에서는 잘못 설명된 '시의 정의' 부분을 과감히 찢어버리라 합니다.

"성경책이 아니니 찢어도 지옥에 안 가. 깔끔하게 찢어서 아무것도 남기지 마라."

-「죽은 시인의 사회」 존 키팅

합격

시작은 미약하오나 끝에선 창대하리라

시험을 통해 200명을 뽑는다고 하겠습니다. 1등을 해도 합격이고, 200등을 해도 합격입니다. 201등은 200등과 0.1점 한 끝 차이라고 해도 점수와 상관없이 불합격입니다. 합격은 정해진 커트라인만 넘으면 1등이든 꼴지이든 상관하지 않습니다. 합격선에서 간신히 턱걸이했다 하더라고 스스로 주변에 말을 하지 않는 이상 시험 등수를 물어보는 사람들도, 꼴찌를 했냐고 물어보는 사람들도 없을 겁니다. 우리가 주변에서 접하는 대부분의 와인은 200등 등수 안에 드는 와인입니다. 관리를 못해서, 유통을 잘못해서 상하지 않는 이상 와인은 다 같이 와인입니다. 여러분이 구입한 와인의 가격을 주변에 말하지 않는 이상 상대방은 거의 알지 못합니다.

합격한 200명 중에서도 좋은 대학을 나온 사람이 합격했을 때에는 합격한 사람들조차도 합격 점수가 상위권으로 미뤄 짐작하고, 고졸이 합격했다고 하면 주변 사람들조차도 젖 먹던 힘을 다해서 운 좋게 붙었다고 생각을 합니다. 평소 와인을 즐겨 마시고 와인에 대해 잘 아는 회원이 와인을 모임에 갖고 오면 저렴한 와인도 비싼 와인으로 보이고, 와인에 대해서 까막눈인 회원이 와인을 갖고 오면 비싼 와인도 그냥 흔하게 이리저리 굴러먹던 와인으로 취급됩니다. 다 같이 합격을 했는데 합격자 학력에 따라 예상 등수가 갈립니다. 와인은 그대로인데 와인을 갖고 온 사람에 따라 변합니다. 합격자들 중 좋은 학교를 졸업한 사람들은 선배다, 라인이다, 이런 저런 이유로 상대적으로 핵심 부서 또는 좋은 부서로 가는 사람들이 많습니다. 와인들 중 좋은 와인이라고 잘 알려져 있고, 인지도가 있으며, 광고 등이 잘 되어 있으면 상대적으로 높은 가격 또는 값비싼 와인으로 분류가 됩니다.

올해 201등을 한 사람이 작년 1등을 한 사람의 점수와 동일하다 할지라도 불합격이고, 올해 1등한 사람이 작년 201등과 점수가 같다 해도 합격입니다. 어디까지나 지원자 중 200명을 경쟁 선발하기 때문입니다. 와인은 컨디션이 중요합니다. 1등 와인이라 분류되어도 와인글라스, 디켄딩 등이 잘 구비되어 있지 않다면 꼴지 와인이 될 수 있고, 꼴지로 구별된 와인도 정성스럽게 다뤄진다면 1등 와인으로 거듭날 수 있습니다. 어디까지나 와인은 다른 주류에 비해 상대적으로 살아있기 때문입니다. 등수는 공개되지 않습니다. 단지 1, 2등만 경우에 따라 공개될 뿐 누가 꼴지라고 흘리지도 않습니다. 높은 경쟁률을 뚫고 합격한 당신이 최고입니다.

세계 최고의 와인들은 있습니다. 하지만 어떤 와인이 꼴지라고 콕 집어 가리키지 않습니다. 이미 여러분 주위에 있는 와인은 누군가의 피땀입니다. 합격을 하셨다면 모두가 1등입니다. 여러분이 갖고 온 모든 와인이 최상의 와인입니다. 주어진 환경 속에서 인정받는 일원이 되시기 바랍니다. 그리고 주어진 모임 안에서 와인 꽃을 피우시기 바랍니다.

아침에 세탁 예약

계절이 바뀌면서 옷을 정리하다 보니까 대량의 옷이 빨래거리로 나왔습니다. 어머니에게 부탁을 하자니 분명 빨래 양만큼 대량의 잔소리가 쏟아질 것이 불 보듯 뻔해서 그냥 제가 세탁기를 돌려야 하는 처지에 놓였습니다. 주말이지만 약속이 있어 아침 9시에 집을 나서야 하는데 빨래 세탁 시간으로 약 2시간을 잡는다 해도 7시에 일어나게 된다면 꿀잠 포기 현상에 직면하게 됩니다. 그때 문득 생각난 것이 예약 세탁이었습니다. 아침 9시 이전까지 설정해두면 세탁기가 알아서 세탁을 하고 탈수까지 되니 정말 최선의 방법이 아닐 수 없습니다. 새벽부터 빨래를 돌리는 것도 아니기에 요즘 민감한 이슈로 떠오른 층간 소음도 걱정할 필요도 없고 말입니다. 저는 꿀잠을 자고 나서 8시 정도 일어나 빨래 완료 30분 전이라는 세탁기 LED 전광판 숫자를 보고 나갈 준비를 하는 사이 빨래가 다 되었고, 결국엔 꿀잠, 약속시간, 빨래 완료, 어머니 잔소리 등 1석 4조의 효과를 얻었습니다.

와인은 다른 술과 다르게 기다림이 필요합니다. 그래서 미리 개봉하여 상온에 두어야 식사 또는 모임시간에 알맞게 익어 있습니다. 하지만 제가 직접 와인을 준비하지 않는 이상 레스토랑 또는 매장에 있는 와인은 미리 개봉을 하는 데에는 어려움이 있습니다. 이럴 땐 전화기를 이용하여 예약을 하면 될 듯합니다. 상용화(?)된 방법이 아니라 장담할 수는 없지만 충분히 가능하다고 생각합니다. 닭백숙만 1시간 전 예약이 가능한 것은 아닙니다. 이론상 와인도 예약이 가능합니다. 개인적 팁을 드리자면 저는 미리 레스토랑에 계좌이체를 해서 선구매를 한 뒤 와인을 오픈했습니다. 닭백숙이야 예약이 취소되더라도 융통성이 있어 다른 손님께 팔 수라도 있는 여지가 있지만 와인은 찾는 사람이 한정되어 있고, 한 번 개봉을 하면 재봉입이 불가능하기 때문입니다.

와인 예약이 흔치 않는 일이기에 레스토랑 입장에서는 살짝 궁시렁거릴 수는 있지만 우리나라 서비스는 결국에는 최고입니다. 전화 한 통으로 예약 끝입니다. 레스토랑 명당자리 선점, 줄서기의 수고스러움 사전 차단, 상대적 시간 절감, 보다 완벽

한 와인과의 해후 등등 1석 4조의 효과를 득하시게 되는 겁니다. 지금까지는 와인을 마시러 갈 때 그냥 '자리 예약'만 해보셨죠? 닭백숙처럼 '와인 예약'이라는 한층 업그레이드된 예약 서비스를 이용해보세요. 그러면 명실상관 글자 그대로 '와인 예약 손님'이 되시는 겁니다.

CD기

동전은 안 돼 안 돼

일을 같이 하는 동료와 함께 차를 타고 가는 중이었습니다. 저는 조수석에 탑승을 하여 이런 저런 일 이야기를 주거니 받거니 하고 있었습니다. 최근 같이 일하게 되어 이곳 지리가 어두운 동료가 돈을 출금할 일이 있다면서 인근에 CD기가 있냐고 물어봤습니다. 저도 이곳에서 오래는 일했지만 대부분 신용카드를 이용했지 딱히 현금을 뽑을 일이 없었습니다. 그래서 새로 온 동료가 CD기 위치를 물어봤을 때 시원스럽게 대답하지는 못했습니다. 혹시나 싶어 차량 유리창을 넘어 건물 사이사이를 바라보며 평소 왕래가 잦았던 거리를 천천히 눈여겨봤습니다. 그런데 신기한 일이 벌어졌습니다. 두 눈 부릅뜨고 찾고자 노력하니까 거리가 온통 CD기로 넘쳐났습니다. 갑자기 생겨난 것도 아닌데 방금 만들어낸 것처럼 제 눈앞에 속속히 들어왔습니다. 그날 하루는 가는 곳마다 CD기가 눈에 들어오는데, 대한민국에 이렇게 CD기가 많은 줄 몰랐습니다.

제가 와인을 마시기 시작했습니다. 워낙 주변 술 문화 패턴이 소맥이 대세다 보니까 애당초 와인을 마시는 동료를 찾는 생각도 안 했었고, 심지어 주변 사람들에게도 제가 와인을 마신다는 것을 '홍보'조차 하지를 않았습니다. 그냥 실상 편하게 와인을 마시는 그룹 또는 모임을 굶주린 하이에나처럼 찾아다녔으니까요. 하지만 그것은 제 자신 스스로가 제 안에 '와인 울타리'를 만들어낸 것에 불과하다는 것을 뒤늦게 알게 되었습니다. "난 너희들과 수준이 달라!"라는 스스로의 문화적 우월성이란 계급장을 달고 다닌 겁니다.

주변을 찾아보니 마시는 사람들이 꽤 있었습니다. 너무 많은 나머지 어제까지 소맥이었던 사람들이 오늘부터 와인이라고 대답하는 듯했습니다. 이는 평소 하나도 안 보이던 CD기가 찾고자 하는 관심을 갖자 '떡' 하니 나타난 것과 같습니다.

우리 세상은 빨주노초파남보 7가지 색들의 조화로 이루어져 있고, 와인 세상은 오로지 레드와 화이트 두 가지 형태로 자기 소리를 내고 있습니다. 두 세계가 비록 칼라를 달리 하지만 그 속에서 호환될 수 있는 '우리' 자신이 분명히 있습니다. '나만의 와인 세계'와 '남들의 와인 세계', 그리고 '나와 공유하는 와인 세계', 4차원, 5차원 등등 나의 입맛이 오로지 와인이라고 해서 주변 사람들과 동떨어지게 차원의 벽을 만드는 것은 이제 그만입니다. 주변을 찾아보세요! 분명 와인 마시는 사람이 CD기처럼 떡 하니 나타날 겁니다. 이제 와인을 혼자서 하지 마시고 같이 하세요.

기름값

늘 낮은 곳에 임하소서

관심이 없었던 종목이었고, 그들만의 리그라 생각했습니다. 하지만 그 대열에 합류한 이후로 강원도를 가든, 제주도를 가든, 심지어 일본에서도, 태국에서도 그것이 보이기 시작했습니다. '기름값'입니다. 자동차를 구입하기 전에는 버스 배차시간과 지하철 도착시간이 중요했는데 지금은 운전할 때마다 시시각각 지역마다 다른 기름값을 보게 되었습니다. 휘발유 가격이 각자 브랜드마다 가격이 상이하고, 같은 브랜드라 하더라도 주유방법이 셀프냐 아니냐에 따라 가격이 민감하게 반응합니다. 사실 소비자 입장에서는 이렇게 복잡한 이해관계 속에서 결정되는 다양한 휘발유 가격에 혀를 두릅니다. 일부 운전자는 오십보백보라 하여 자동차 배꼽시계에 따라 주유하기도 하지만 휘발유 가격비교 '어플'을 이용하여 주유하는 운전자들도 꽤 있습니다.

와인 가격이 천차만별입니다. 편의점, 대형마트, 백화점, 면세점, 와인 전문매장 등등 어디서 구입하느냐에 따라서 가격이 상이하고 레스토랑에 따라, 지역에 따라 그 가격이 틀립니다. 휘발유보다 가격 차이가 훨씬 많이 나기 때문에 누가 쉽사리 '오십보백보'라는 사자성어를 입에 올리기에는 힘들 겁니다. 구입자 입장에서는 와인 가격결정이 절대 예상치 못한 이해관계가 적용이 되어 신의 영역이라 해도 무방합니다.

자, 여기서부터는 더 복잡해집니다. 같은 브랜드임에도 불구하고 자동차에 주유를 하고 달려보면 각각 주유소마다 휘발유 성능에 차이가 있습니다. 같은 수입사임에도 불구하고 막상 마셔보면 각각의 매장마다 그 맛과 향이 틀립니다. 이러한 변수가 새로 적용이 되면 다소 비싸더라도 성능 좋은 기름을 판매하는 주유소를 찾게 되고, 조금 비싸더라도 맛과 향이 좋은 와인 매장에서 구입을 합니다. 같은 휘발유 다른 성능, 같은 와인 다른 맛과 향! 휘발유도 어려운데 와인은 더더욱 어렵습니다. 하지만 이보다 큰 그림에 접근하려 합니다. 이런 가격차와 질의 차이를 야기시킨 결정적인 주범을 말입니다. 주범이 잡히면 공범도 따라 정리가 됩니다. 그것은 바로 세금입니다.

기름값의 대부분이 세금입니다. 와인은 세금 때문에 전 세계에서 우리나라가 제일 비쌉니다. 와인이 언제까지 '어떤 사치'

이길래 우리는 그 가격에 구입하고, 이 가격에 아옹다옹합니다. 반값 휘발유, 반값 와인은 이 모든 논란을 잠재우고 왜곡된 시장을 바로 잡을 첫 단추가 아닐까 합니다. 기름값은 뒤로 하더라도 와인만큼은 촛불집회라도 하고 싶습니다. 나만의 적폐청산, 와인세금입니다.

만두

부지런함과 근면함은 수많은 사람들에게 있어서 칭송의 대상이기에 꼭 그렇게 되고자 노력하는 자신과의 싸움이기도 합니다. 만두집이 약 200m를 거리에 두고 두 곳이 있습니다. 지하철역 1번 출구쪽 만두집은 늘 볼 때마다 항상 부지런하여 하나라도 더 팔 심정으로 겨울 한파 속에서도 아침 일찍 오픈을 하고, 주말에도 영업을 하는 등 체감상 명절 때만 빼고 늘 영업을 하는 것 같습니다. 지하철역 2번 출구쪽 만두집은 늦은 오전에 오픈하고 늦지 않을 때까지 영업을 한 뒤 문을 닫습니다. 물론 주말에는 영업을 하지 않습니다. 제가 주로 이용하는 곳은 1번 출구 근면한 만두집입니다. 한 번은 2번 출구쪽 만두집 만두 맛이 궁금해서 발길을 돌려도 저와는 시간 때가 맞지 않아서 그런지 좀처럼 맛을 보기가 쉽지는 않았습니다. 그래서 한 번은 작정하고 2번 출구쪽 만두를 먹고자 찾아나섰습니다. 그런데 그 첫 느낌이 대반전이었습니다. '맛. 있. 다!'

기회가 있어 제 자신을 돌아보니 저는 '워크홀릭'입니다. 일하기 위해 태어난 일 중심 인간입니다. 사실 저는 개미나 벌꿀을 보면서 근면, 성실, 부지런함을 미덕이라 배운 세대입니다. 1번 출구 만두집은 오픈시간이 워낙 길기에 만두를 더 많이 팔 수 있고, 그 만두를 사는 이들은 언제나 만두를 사먹을 수 있어 행복합니다. 반면에 2번 출구 만두집 사장님은 일찍 문 닫고 주말에는 가족과 할 수도 있으며, 자신의 여가를 즐길 수 있습니다. 그런데 잘 뜯어보니 1번 출구 만두집 만두는 많이 팔리겠지만 투자한 시간에 비해 적게 팔립니다. 반면에 2번 출구 만두집 만두는 적게 팔리겠지만 투자한 시간에 비해 많이 팔립니다. 저는 두 집을 다 가본 뒤부터는 두 만두집을 고루고루 다닙니다. 달라진 점이 있다면 이제는 2번 출구쪽 사장님처럼 일을 해야 하지 않을까 하는 사색이 더해졌다는 점만 빼고 말입니다.

대형마트나 백화점 와인 매장을 둘러볼 때면 직원이 항시 있는 곳도 있고, 직원 없이 와인만 덩그러니 있는 곳이 있습니다. 직원이 있는 곳은 와인까지 친절하게 안내도 해주고, 좋은 와인이 출시되었으면 추천해주는 등 판매자로써 최선의 모습을 우리에게 선사합니다. 부차적으로 손님으로 대접받는 느낌 또한 그리 나쁘지도 않습니다. 이런 모습만 보아도 부지런한 매장이고, 근면해보입니다. 이와 대조적으로 와인만 덩그러니 있는 와인 매장은 건조하기만 합니다. “이래서 장사하겠어?”라고 궁시렁거리며 자리를 쉽게 떠나곤 했습니다. 그런데 언제부터인가는 와인 하나라도 더 팔기 위해 쩔쩔 매는 직원들이 제 눈에 보이기 시작했습니다. 손님이 맛있다 하면 맛있다고, 별로다 하면 별로다고 맞장구 쳐주며 매장 직원 스스로 자신을 낮추는 모습을 말입니다. 오랜 시간이 지나다 보니까 직원들이 다소곳하게 서있긴 하지만 이제는 다리도 아파 보입니다. 더 나아가 매장에 자주 방문하여 서로 얼굴을 익힐 때쯤 되면 평소 봐왔던 직원들은 약속이나 한 듯이 이직을 하고 더 이상 그 매장에 없을 때가 있습니다. 일이 힘들어서인지 이직이 잦습니다.

이제는 와인이 와인을 관리하는 매장으로 발길이 갑니다. 하나라도 더 와인을 팔고자 가슴조리는 직원들을 안 봐도 되고, 정이 들 때쯤 되면 이직하는 매장 직원들도 더 이상 안 봐서 좋습니다. 지금은 직원 없는 와인 매장에 저 홀로 있자니 저를 눈치 볼 사람이 없습니다. 나름 와인과 1대 1로 대화하는 시간이 늘어난 장점도 찾았습니다. 셀프 와인에 잘 적응하고 있습니다. 일찍 일어나는 새가 벌레를 잡는다 하지만 벌레 입장에서는 일찍 일어난 벌레가 먼저 잡아먹힙니다. 부지런함과 근면함이 얼마나 오랜 시간 ‘영업’을 했는가로, 와인에게 있어서는 얼마나 오랜 시간 '매장지킴'을 했는가로 판단된다면, 이제는 보다 여유 있는 판매 전략으로 바뀌었으면 하는 생각이 듭니다. 저조차 일에 대한 '무리한 희생'을 아직도 놓지 못하고 쥐고는 있지만 꼭 변할 겁니다.

필라테스

필라테스를 하고 있습니다. 첫날 은은한 음악과 함께 딱딱한 몸을 이리저리 굴리면서 군대 훈련받는 기분으로 기구를 사용하여 한 동작 한 동작 따라했습니다. 오늘은 10회째 참석하는 날입니다. 강사는 첫 시작을 알리듯 음악을 틀고 수업을 시작합니다. 첫날 어설프게 필라테스를 하던 제 모습이 음악소리와 함께 겹쳐왔습니다. 그런데 말입니다. 필라테스를 하는 도중에 말 못할 일이 생겨버렸습니다. 필라테스를 10회나 하면서 음악소리를 기억하는 것은 딱 두 번입니다. 분명한 건 강사는 필라테스를 진행할 때마다 음악을 틀었을 텐데 제가 기억을 못하니 말입니다. 그래서 음악이 들렸던 두 번과 들리지 않았던 8번의 차이를 생각해봤습니다. 알고 보니 그 차이는 '시작의 장면'이었습니다. 필라테스 선생님이 수업하기 전 음악을 켜는 장면을 보고 난 뒤에서야 음악이 들려오는 소리를 인지했고, 음악을 감상하면서 운동을 한 것입니다. 나머지 수업시간에는 음악이 들려왔음에도 들려옴을 알지 못하고 운동에 집중한 것이고요.

와인을 처음 마시는 사람 또는 와인에 관심이 있어 하는 회원이 와인 모임에 참석할 일이 있을 겁니다. 처음 접하는 술이기에 반가움보다는 어색함이 클 것이라 생각됩니다. 그냥 기존에 술을 마시던 사람 취급해서 와인을 마냥 마시게 놔둔다면 참석자에게 와인은 그냥 술의 한 종류에 지나지 않게 됩니다. 그럴 땐 그 모임 중 한 사람이 '시작'을 주셔야 합니다. "와인 어떠세요?"라고 가벼운 대화로 시작합니다. 그래야 그 회원은 와인에 한 발짝 다가서서 와인을 바라보게 되고, 자기 말을 하게 됩니다. 모임이라는 공간에 음악처럼 흘러만 나오던 와인이 귀에 들리는 순간입니다. 조심할 점은 스스로 느끼고 입을 열게 해야지 Yes나 No를 답하는 수준으로 물어서는 안 됩니다. 예를 들어 간혹 와인에 일가견이 있는 사람이 "이 와인은 바닐라향이 일품이야!"라고 공개적으로 말을 하게 되면 그 향을 맡지 못한 사람은 자신의 내공(?)이 약한 줄 알고 풀이 죽게 됩니다.

여기서 그치지 않고 보다 더 노골적으로 몰아세우듯이 와인에 대해 답변을 강요하면 초심 회원들은 꿀 먹은 벙어리가 되고 기가 죽게 됩니다. 초심 회원은 자신이 모임에서 놀림이 된 것

같기도 하고, 무시당한 것 같은 느낌을 받게 됩니다. 누구에게나 처음은 있습니다. 한 스푼이라도 더 드신 분이 와인이란 음악을 여는 모습을 '처음 속'에서 꼭 보여주시기 바랍니다.

과거, 현재, 미래

우리는 과거, 현재, 미래로 시간을 크게 3등분으로 구분합니다. 그러나 우리 머릿속에서는 시간 모두가 하나가 되어 과거든 미래든 현재처럼 흘러갑니다. 과거의 일을 현재로 끌어와 비디오 돌리듯 시청합니다. 미래에 있을 법한 일을 창조하여 현재로 모셔옵니다. 그래서 이미 지나가고 수정할 수 없는 일에 생각하며 자책이나 괴로워하고, 있지도 않고 벌어지지도 않은 미래에 미리 근심걱정을 합니다. 과거는 이미 지나가서 없고, 미래는 아직 오지 않아서 없음에도 우리는 현재 속에서 이 둘을 교대로 상주시킵니다. 그러다 보니 본인이 현재에 있으면서도 현재라는 시간 속에서 본인도 찾지 못합니다.

한 잔의 와인은 과거와 현재와 미래를 동시에 마시게 합니다.

세 병의 와인이 있다 하겠습니다. 한 병은 이미 마셨고, 현재 한 병을 마시고 있으며, 나머지 한 병은 다음에 마신다 하겠습니다. 현재 와인은 마시면서 그때 마셨던 와인을 생각합니다. 간단하게는 "그때 그 맛이랑 다르네! 지금이 더 좋네! 다음에 마실 와인은 이런 맛이 나겠어!" 등등 말입니다. 누군가와 함께했던 와인을 마시는 경우는 지금도 와인을 함께하는 느낌을 주고, 앞으로 마실 와인을 보고 있노라면 자조와 함께 물끄러미 응시하게 합니다.

와인과 함께할 때 부정적으로 흘러가는 뇌를 긍정으로 덮어쓰기를 시도하게끔 합니다. 와인이 일반 술과 차이점이 있다면, 일반 술은 '술로 푼다'라는 표현을 쓰면서 과거에서 현재로, 또는 현재에서 미래로 긴밀하게 묶여있는 이해관계를 푸는 역할을 하여 '정상 괘도'로 오게끔 합니다. 즉 일반 술은 '정상으로 회귀를 위한 포맷'이고, 이와 대조적으로 와인은 '긍정 덮어쓰기'입니다. 와인은 과거에 잡혀있고 미래에 눌려있는 각각의 뇌에게 현재란 휴식을 마련해줍니다. 와인은 집 나간 뇌를 현재로 견인합니다.

와인은 제 자신을 시간의 주체가 되게끔 도와줍니다. 제 자신이 늘 과거에 얽매이고 미래로 무한정 딸려가 시간의 객체화되는 것을 현재의 저로 끌어다가 바로 잡아줍니다. 제가 와인을 즐기는 큰 이유 중 하나입니다. 늘 저의 생각이 현재에 머물러

긍정의 사고로 변모하게끔 합니다. 와인은 과거, 현재, 미래를 한꺼번에 패키지화하는 기술을 혼자만 알고 있지 않고 기술 이전이라는 방식으로 저와 늘 함께하게 하는 겁니다.

흐름

시간이 흐르는 것은 어쩔 수 없는 걸까요? 살면 살수록 하나 둘씩 시간의 흐름에 민감해집니다. 젊었을 때에는 간과되었던 사소한 것도 나이가 들다 보니까 새롭게 조명되는 것을 느낄 때가 있습니다. 점점 배가 나오고 예전에 비해 눈도 침침해지며, 버스를 잡고자 조금만 뛰어도 헐떡거리는 제 자신을 발견합니다. 나이가 들면 들수록 늙어가니까 죽어가니까 자연의 이치라고 다들 말합니다. 거울만 보더라도 점점 늘어나는 주름은 모든 이들의 충고를 증명이나 하듯이 뚜렷하게 제 얼굴에 자리매김하고 있습니다.

하지만 아인슈타인의 '상대성 이론'과 '양자역학'을 접하면서 '시간'에 대한 새로운 관점이 생겼습니다. 다 같이 시간의 흐름 속에서 살아간다고는 하지만 상대적으로 어떤 사람은 동안이고, 어떤 사람은 폭삭 늙었습니다. 태어난 순서는 있지만 죽는 순서는 아무도 알지 못합니다. 저는 이 시간을 잘 활용할 계획을 세웠습니다. 시간은 '고정'이 아닌 '흐름'이라는 대명제 아래 '고정 운동'이 아닌 '흐름 운동'을 시작하였습니다. 그 결과 조금만 자도 몸이 개운해졌고, 흰머리도 눈에 띄게 줄어들었으며, 뱃살은 더 이상 찌지 않고 멈춰 서게 되었습니다.

'한 잔의 와인'이란 작은 결과물조차에도 그 이면에는 '와인의 흐름'이 반드시 존재합니다. 그 흐름에 따라 와인의 형태는 다 변화된 모습으로 우리 앞에 서게 됩니다. 그 '흐름'을 쉬운 말로 '유통'이라고 하겠습니다. 대부분의 와인은 수입이 되어 유통이라는 복잡한 과정을 통해 소비자에게 판매가 됩니다. 유통에 따라 와인 가격은 변동이 되기도 하고, 와인의 질 또한 달라집니다. 와인이라는 원인과 소비라는 결과 사이에 '와인의 유통' 역할은 결국엔 '시간 지배 여부'라는 시간의 상대성까지 접근을 하게 됩니다. 유통이 잘 된 와인은 온전히 보전이 잘 되어 자신의 모든 것을 뽐낼 수 있게 되고, 그렇지 못한 와인은 맛에 대한 오해만 잔뜩 줍니다. 유통과정의 엉성함이 와인의 변질을 갖고 올 수도 있고, 유통과정의 완벽함이 와인 가격에 영향을 줍니다.

저는 와인을 구입함에 있어서 가격도 중요하지만 유통 또한 간과하지 않습니다. 같은 가격이라도 어떻게 유통되었느냐에 따라 와인의 맛과 향이 크게 달라지는 것을 몸소 봐왔기 때문입니다. 와인을 구입하실 때 꼭 가격만 보지 마시고 '와인의 흐름' 또한 자세히 눈여겨 봐주세요. 그래야 와인이 가격에 지배되지 않습니다.

감기

내가 걸리면 로맨스 너가 걸리면 메르스

감기에 걸린 사람이 있습니다. 기가 허해서 감기에 걸렸다고 하면 자소 섞긴 말을 하는 사람들도 있습니다. "기? 중국 무협영화도 아니고 무슨 기 타령!" '감기'는 바이러스로 인한 감염이라고 딱 잘라 말합니다. '감기'라 쓰면서 감기가 아니라고 말합니다. 한자 그대로 해석해도 '감기'는 평소에 비해 기가 부족해서 생기는 병입니다. 우리는 과학 시간에 배웠듯이 기가 아닌 바이러스가 원인이라고 배운 바 있습니다. 그래도 우리는 바이러스 감염이라 하지 않고 감기에 걸렸다 합니다.

와인을 즐기는 사람이 있습니다. 신이 인간을 만든 뒤 남다른 의미부여를 한 것처럼 인간은 와인을 만들었다고 하면서 와인을 '특별한 존재'로 표현한다면, '기'가 찬 소리라고 말하는 사람들도 있을 겁니다.

“특별한 존재? 에덴동산이 포도밭이었어?”

“인류가 얼마나 위대한가? 최근엔 알파고도 있다. 와인이 최고라고 말하는 것은 와인 애호가들의 개인적 사견에 불과하다.” 라고 말입니다. 와인은 주류임에도 불구하고 술이 아니라고 하는 사람들이 있습니다. 와인 속에는 맥주나 소주와 같이 알코올이 들어가 있고, 심지어 병 바깥에는 일반 술처럼 도수가 쓰여 있습니다. 과학에서도 발효의 원리를 생각한다면 막걸리와 거의 다를 바 없는 술이긴 하지만 말입니다.

우리 몸은 외부 병균이나 바이러스에 대처하기 위한 면역 시스템이 있습니다. 그래서 면역력이 떨어지면 바이러스에 쉽게 감염이 되고, 겨울 내내 감기에 걸리지 않은 사람들을 보면 면역력이 높다는 말을 하게 됩니다. 감기 바이러스에 인한 감염이라 하더라도 면역력과 깊은 관련이 있음을 알 수 있습니다. 결국 바이러스 과학 이전에는 기를 면역력으로 비슷하게 설명한 것에 불과한 것입니다. 면역력 저하로 인한 바이러스 감염은 기력 저하로 인한 병이 되는 겁니다. 감기와 감염은 풀어쓰게 되면 결국엔 한 뿌리입니다.

와인은 한 과학자가 와인 속에 알코올을 발견하기 전까지는 맥주와 달리 다른 물질이 들어있다고 여겼습니다. 얼핏 듣기에는 그 과학의 입증이 중세시대 때 논란이 되었을 듯하지만 1820

년대 최근입니다. 놀랍죠? 취함에도 불구하고 다른 존재에 대한 믿음 말입니다. 인류가 와인을 술로 인정한 시간을 하루로 계산한다면 23시 59분 이후입니다. 그래서 와인을 풀어쓰게 되면 술이기도 하지만 술이 아닌 와인이 됩니다. 아마도 와인 애호가인 베토벤도 인생의 거의 대부분을 와인을 술이 아닌 음료로 알고 작곡해왔을 겁니다.

와인을 음료라 부르든 술이라 부르든 저에게는 상관이 없습니다. 과거에는 와인 속에 알코올 아닌 다른 물질이 들었다 생각했고, 지금은 명확하게 맥주와 소주처럼 알코올이 들었다 한들 정말 상관이 없습니다. 작은 이유로는 마시면 "어쨌든 취하니까."이고, 큰 이유로는 "내 친구니까."입니다. 이는 감기가 말처럼 '기'의 감소인지 바이러스의 침공인지 상관없는 것과 같습니다. 작은 이유로는 걸리면 "어쨌든 병에 걸린 거니까."이고, 큰 이유로는 "아프니까."와 같습니다. 감기를 감기라 쓰면서 감기가 아니라고 말하는 것처럼 저도 와인을 술이라고 쓰면서 술이 아니라고 말하는 사람입니다.

게임

너무 어렸을 때 기억이라 자세하지는 않지만 사람의 왕래가 잦은 버스터미널로 기억합니다. 버스를 타기에 배차시간이 많이 남아서 시간을 때울 겸 바로 옆에 위치한 전자오락실에 들렀습니다. 게임을 하면서 버스를 기다릴 마음으로 평소 즐겨하던 게임을 선택하고 플레이를 시작하였습니다. 그런데 이게 웬일입니까? 게임기가 개조가 되어 플레이하기에 어렵게 만들었고, 결국에 얼마 안 되어서 게임을 종료하게 되었습니다. 돈 날린 겁니다. 이 게임장은 단골 아닌 뜨내기들 손님이 대다수라는 특수성을 이용하여 게임 회전률을 높여 이익을 높이는 방식을 선택한 겁니다. 내심 베테랑 반열에 올랐다고 생각한 게임임에도 불구하고 저는 '개조' 앞에 하수가 되어버리고 말았습니다. 상술에 놀아난 거죠.

막상 와인 매장에 가면 비슷한 와인들이 많이 있습니다. 그래서 초보자들이 와인을 구매하러 가게 되면 원치 않은 실수를 하게 됩니다. 겉으로 보기에 똑같은 디자인인데 어디서 구입했느냐에 따라 냉장고나 텔레비전 모델 번호가 조금씩 틀리고, 가격 차이가 있다는 것 경험하셨죠? 와인도 같은 와이너리이지만 병 모양이나 이름 등을 약간 달리하여 여러 와인 상품을 출시하는 경우가 있습니다. 그래서 와인을 구입할 때 비슷한 상품이 있는 줄도 모르고 단일 상품으로 혼동하여 잘못 사게 됩니다. 평소 잘 다니는 와인 매장이나 집 근처 매장에서 와인을 사면 자신이 원했던 와인으로 교환하기가 쉽습니다. 하지만 와인 구입이 잦지 않은 사람 대부분은 여행지나 외지에서 와인 가격을 보고 충동구매를 하는 경우가 많기 때문에 와인을 잘못 구입하더라도 이를 만회하기 힘듭니다. 실수를 줄이기 위해 와인을 구입할 때 판매자에게 조언을 구한다고 하지만 판매자는 소비자의 선택을 우선시하며 존중하기 때문에 어디까지나 결정의 몫은 구입자가 되고 맙니다. 본인이 원하는 와인을 모처럼 저렴하게 샀다고 자랑하면서 구입한 와인을 모임에 갖고 왔는데 막상 그 와인이 본인이 원했던 와인이 아니었을 때 이름 모를 배신감에 휩싸입니다. 자신이 경솔했음에도 불구하고 약간 사기당한 느낌도 들 겁니다. 판매자 탓도 하고, 비슷하게 제작한 와인 회사도 고약해

보이고 말입니다.

개조한 게임이 반칙이듯 잘못 산 와인도 반칙처럼 느껴집니다. 잘 살펴보면 개조한 게임도 집 근처가 아닌 외지에서 일어났고, 잘못 구입된 와인으로 인한 남 탓도 집 근처가 아닌 외지 구입에서 보통 일어납니다. 게임은 잘못 없습니다. 그것을 조작한 인간이 잘못되었죠. 와인은 잘못 없습니다. '남 탓'을 덜하도록 우리가 더 와인에 대해 잘 알아야 합니다. 집 떠나면 고생합니다. 집 멀리 나서거든 게임도 와인도 조금만 더 살펴봅시다.

Best Quality
Wine

"와인을 마시기 위해 몸 관리도 한다면
이보다 더할 나위는 없습니다.
멀지 않아 와인을 위한
맞춤형 '폐활량'을 갖게 되실 겁니다.
'탄력' 있는 몸이 '탄력' 있는 와인을
만나는 것 또한 잊지 마시고요."

3부

수요와 공급의 법칙

보다 더 세밀한 와인 서비스를 원하신다면 더 큰 비용을 지불하고 아르바이트생 모임보다는 소믈리에 또는 와인 전문가 등 책임감이 존재하는 정규직의 모임에 가셔야 하는 겁니다. 이런 저런 이유로 주최자가 수요와 공급을 못 챙겨 와인 방정식을 푸는데 어려워한다면 여러분이 주최자를 조금만 도와주세요. 아주 간단합니다. 스스로 먼저 “조금만 따라주세요.”라고 말만 하셔도 충분한 도움이 됩니다.

사과 & 배

어릴 적 명절 때가 되면 큰집에서 아침 일찍 차례를 지내곤 했습니다. 차례를 지내고 아침을 먹고 나면 어김없이 차례를 지냈던 과일들을 후식으로 먹습니다. 주로 감, 사과, 배, 대추를 먹곤 했는데 나름 잘 팔렸습니다. 그 중에 제일 인기가 있는 과일은 단연 배였습니다. 평소에 당도가 보장된 배를 먹기란 힘들었거든요. 그리고 배 가격이 비싸기도 했고요. 하지만 지금은 옛날이야기가 되었습니다. 집 앞에 단골 과일가게가 있습니다. 사과와 배를 1만원씩 구입하여 집까지 들고 가는데 배가 훨씬 무겁고, 상대적으로 사과는 가벼웠습니다. 과거에는 배가 훨씬 비싼 과일이어서 간혹 먹은 과일이었는데 지금은 사과보다 저렴하게 판매됩니다. 과거에 바나나는 비싼 과일이었다고 합니다.

지금은 어느 마트를 가든 널리고 널린 게 바나나인데 믿기지가 않을 정도입니다.

와인을 보면 과거에는 상당한 가격을 지녔다가 최근에는 상대적으로 저렴해진 와인들이 꽤 있습니다. 수입 루트가 다양해진 만큼 수입사 간의 경쟁이 가격을 다운시킨 요인도 없지 않습니다. 하지만 대부분이 인기의 하락으로 인한 수요 급감이 가격 저하로 이어지는 게 대부분입니다. 사람들이 많이 찾으면 비싸지고, 찾지 않으면 평소 가격으로 돌아오며, 극기야 수요조차 크게 떨어지면 파격세일까지 감행하게 됩니다. 히딩크가 즐겨 마셨다는 샤또 딸보, 골프 와인 1865 등이 과거에는 높은 가격을 형성하였으나 지금은 과거에 비해 상당히 가격이 내려가 있습니다. 또한 이들 와인이 가격특수의 혜택을 본 지 오래되어서 그런지 이제는 와인 가격 차이가 별로 안 나면 다른 와인을 고르는 사람이 많아졌습니다. 자주는 아니지만 간간히 파격할인을 하는 것도 목격하고요.

저는 개인적으로 배를 먹을 때마다 여전히 과거 귀하게 먹던 생각이 나곤 합니다. 그래서 그런지 사과에 비해 상대적으로 저렴해진 배를 먹을 때마다 귀하게 생각하고 고맙게 먹습니다. 아직까지는 배처럼 귀하게 마시는 와인이 제 수중에 많지는 않습니다. 작은 바람이 있다면 지금은 인기가 많아 비싸게 팔리는 와인이 빨리 대중화가 되어 배 가격으로 내려왔으면 좋겠습니다.

선반

인천공항을 오고 가는 전철을 타다 보면 다른 전철과는 차별화된 특수시설(?)이 있습니다. 승객들이 이용함에 있어서 혹시나 실수를 할까봐 이곳 저곳 문구도 써놨습니다. 처음에는 안 써놨다가 승객과 승객끼리 적지 않은 마찰(?)이 생겨서 뒤늦게 안내 문구를 써놓은 듯합니다. 일반 지하철에는 좌석 위에 물건을 올려놓을 수 있는 선반이 있습니다. 그런데 인천공항 지하철은 선반이 없고 뚫려있습니다. 그래서 무심코 물건을 올려놓으면 밑으로 쏙 빠져서 앉아있는 승객 머리나 무릎 위로 떨어지고 맙니다. 혹시 인천지하철 선반이 없는 이유가 짐작이 가십니까? 대를 위해 소를 희생한 고육지책인 듯합니다.

아침 일찍 여행을 가기 위해 새벽부터 인천공항 지하철을 이용하는 승객이 많습니다. 여행 짐이 많기 때문에 선반을 이용하는 사람들도 꽤 있고, 막상 종점에 도착해서 정신없이 내리다가 선반 위에 가방을 두고 내리는 승객도 자주 있었을 겁니다. 여권이 들어있는 가방이라면 더더욱 여행을 망치게 되고요. 그래서 공간 활용을 위해 설치된 선반을 사용할 수 없도록 특수제작을 한 겁니다. 여행을 가는 승객들은 선반을 이용 못하는 불편함을 겪더라도 차라리 물건을 두고 가는 '실수'를 줄이게 되는 겁니다.

비슷한 와인이 여러 개 있어도 와인이 생활화되어 있는 애호가는 구입하고자 하는 와인을 선택함에 있어서 실수를 덜하게 됩니다. 와인들이 어지럽게 전시되어 있어 와인 간의 구별이 힘들 듯하지만 나름 여러 와인들이 브랜드화가 되어 판매되기까지 모든 와인의 역사를 알고 있기에 우리 눈에는 와인들이 다 비슷비슷해 보이지만 애호가들은 정확하게 와인들의 차이점을 집어낼 수 있습니다. 예를 들면 우리는 초코파이의 판매 역사를 알고 있습니다. 초코 맛으로 시작하여 녹차와 바나나 등 약간의 시간차를 두면서 판매된 것을 말입니다. 즉 우리는 초코파이의 역사를 압니다. 그래서 여러 종류의 초코파이가 동시에 매장에서 판매되더라도 우리는 정확하게 자신이 원하는 맛의 초코파이를 집어냅니다. 이와 대조적으로 이 다양한 종류의 초코파이를 동시에 외국에 수출한다고 하면 외국인 눈에 비춰지는 초코파이는 한꺼번에 생산되어 판매되는 초코파이로 보입니다. 이들에게 초코파이 구별은 힘들겠지요.

우리 눈에 와인도 동시에 존재하기 때문에 구별이 힘듭니다. 외국인 눈에 비춰진 초코파이처럼 말입니다. 그래서 판매자들은 소비자의 '실수'를 줄이고, 본인이 원하는 와인을 선택할 수 있도록 노력을 합니다. 쉬운 예로 비슷해 보이는 와인을 동시에 나란히 두고 판매합니다. 평소 와인을 자주 접하는 사람은 딱 보면 알겠지만 일반인들은 '다른 그림 찾기 게임'처럼 비슷비슷하게 보이는 게 와인별 차이점이 거의 없어 보이거든요. 오로지 가격 차이만 쉽게 발견할 뿐입니다. 그래서 판매자는 구매에 관심 있어 하는 고객이 있거나 직접 고객의 요청이 있는 경우에는 비슷하게 나란히 진열되어 있는 와인에 대하여 차근차근 설명도 해줍니다. 다른 경우로는 한글로 와인 이름과 생산지 등을 큼직하게 써서 약간만 눈여겨봐도 쉽게 구별할 수 있도록 명찰을 만들어서 비치한 경우입니다. 이렇게 노력을 하는 이유는 소비자가 와인을 선택함에 있어서 '실수'를 줄이고, 혹시나 잘못된 구입으로 인한 반품과 와인에 대해 어수룩한 고객을 대상으로 속여서 팔았다는 오해의 소지를 줄이기 위함입니다.

인천공항 지하철 입장에서 선반이 없는 지하철이 짐 많은 여행객에게 약간의 불편함을 줄 수 있지만 물건을 두고 가는 '실수'는 없습니다. 판매자 입장에서 매장 구석구석 와인마다 너저분한 명찰을 부착하여 판매하는 것이 시각적 불편함을 초래하여 쇼핑의 즐거움에 방해가 될 수 있습니다. 보다 깔끔하고 고급스러운 와인 이미지를 더해 이국적 인테리어로 치장한 매장은 고객으로 하여금 시각적 기쁨을 호소하는 쇼핑을 선사할 수도 있지만 고객의 '실수' 줄이기 위함을 선택한 것입니다. 가방을 두고 내리는 것은 전적으로 승객 탓입니다. 하지만 승객을 위해 보이지 않는 노력을 합니다. 와인을 구입하는 것은 전적으로 고객의 몫입니다. 하지만 고객을 위해 보이지 않는 노력을 하는 것도 꼭 알아주세요. 보이는 것이 다가 아닙니다.

거품

'공무원 시험 합격은 에◯월!'이라는 광고가 있습니다. 공무원 뿐만 아니라 다른 어려운 자격증 취득 관련해서도 최대 합격자 보유수를 자랑한다면서 합격을 원하면 '에◯월'을 선택하라는 광고 메시지를 담고 있습니다. 편입학원 중에 '김◯'이라는 곳도 있습니다. 이곳도 편입 최대 합격이라는 내용을 바탕으로 광고를 하고, 많은 편입생들이 보다 빠른 합격을 통한 편입을 위해서 가입을 하여 공부를 합니다. 하지만 이 두 광고, 즉 학원이 많은 합격자 수를 배출한다고는 하지만 한 번쯤은 생각해봐야 할 내용이 있습니다. 잘 가르쳐서 또는 그 나름대로의 노하우가 있어서가 아니라, 이 학원에 많이들 가입을 하기 때문에 많은 합격자가 나오는 것은 아닌가 하는 합리적 의심입니다. 실상 많은 공무원학원과 편입학원을 비교해보아도 가입자가 훨씬 많습니다. 그러기에 사람이 사람을 부르는 결과에 대해 고려할 필요는 있습니다.

와인하면 프랑스입니다. 그 중에서도 보르도가 프랑스 와인을 대표합니다. 그래서 프랑스 와인도 상대적으로 다른 나라의 와인보다 인지도가 높고, 보르도 와인이면 더더욱 인기가 높습니다. 와인을 잘 모르는 사람들도 알게 모르게 프랑스가 와인의 종주국으로써 여기는 사람들이 많고, 기왕 같은 와인 가격이면 프랑스 와인을 선택합니다. 다소 더 비싸다고 해도 프랑스 와인 그 자체에 프리미엄이 붙었다 생각하고 지갑을 여는 경우도 많고요. 물론 프랑스 와인, 그 중에 보르도에서는 세계적인 와이너리가 있고, 품질이 우수한 명품 와인이 많이 생산이 됩니다. 와인을 설명하는 책이든, 와인 정기간행물이든 프랑스 보르도 와인 칭송에 잉크를 아끼지 않는 것은 사실이니까요. 하지만 우리가 생각하는 프랑스 보르도 와인을 다른 각도로 생각해보면 '에○월'이나 '김○ 학원'과 비슷하지 않을까 하는 생각을 조심스럽게 합니다. 수백의 와이너리에서 수만 병의 와인들이 생산되니까 그 크기에 비례해 좋은 와인이 있는 것은 아닌지 하고 말입니다. 학원생이 많아서 합격자가 많은 것과 많이 생산해서 명품 와인이 상대적으로 많을 수 있다는 겁니다. 물론 좋은 선생과 좋은 학습 프로그램이 합격에 한몫하고, 유명한 와이너리와 빼어난 환경들이 와인에 작용할 수도 있지만 말입니다. 그러다 보니 사람들이 '에◯월'이나 '김◯ 학원'에 거품이 있을 수 있다는 생각을 어느 정도 하게 되는 것이고, 프랑스 보르도 와인 또한 지나친 거품이 있는 것은 아닌지 하는 합리적 의심도 하는 것입니다.

많은 합격생을 배출한 학원의 광고를 보고 있노라면 제가 마치 저기 등록하여 학원에 다니기만 해도 빠른 합격이란 기대감을 갖게 합니다. 프랑스 보르도 와인을 선택해서 마시게 되면 제가 마치 탁월한 구매를 한 것 같은 기분을 갖게 해줍니다. 그러나 막상 학원에 등록하여 다니게 되다 보면, 결국 '합격률'이 자신의 합격에 지대한 영향을 주지 않고, '자신의 실력'이 합격을 좌우한다는 것을 알게 됩니다. 프랑스 보르도 와인을 마시다 보면 제가 프랑스 와인을 알아가게 되는 것이 아니라, 결국 와인이 저에게 다가와 저를 알아가는 것이라는 것을 알게 됩니다. 광고의 거품을 알아야 자기 실력에 대한 위치를 알게 됩니다. 다른 사람들이 만들어놓은 프랑스 보르도의 아상을 걷어내야 자신만의 와인을 알게 됩니다.

개인적으로는 평가절하된 와이너리에서 생산된 와인을 간혹 발견할 때가 있습니다. 이럴 때면 와인을 마실 때마다 두 배 세 배로 그 기쁨이 다가옵니다. 남들이 만들어놓은 '와인성(成)'에 입성하지 마십시오. 그 크기가 거대해보일지는 모르겠지만 작지만 여러분의 '와인집'을 만들어야 합니다. 넉넉하게 나와 함께 하는 '와인 마음'이 머무를 수 있는 집이면 충분합니다.

리필

저도 경험한 적이 있습니다. 그런데 그 일이 뉴스에 나오니까 저만의 착각이 아니더라고요. 저는 마트에 가면 자주는 아니지만 물건을 사기 전 계산기를 사용하곤 했습니다. 그람당 가격을 통해서 그 물건이 저렴한지, 비싼지, 가격 차이가 별로 없는지 등등을 꼼꼼히 살펴보기 위함입니다. 과거 마트 상품들은 그 크기와 양이 거의 고정적이었는데 대형마트가 생긴 이후부터 대용량 제품이 출시되면서 동일한 상표지만 그 양과 가격을 달리하는 다양한 상품을 보게 되었습니다.

자주는 아니지만 생각 외로 대용량보다 낱개포장 상품이 저렴할 때가 있습니다. 뭐로 보나 이치에 어긋나는 일이지요. 물론 자주 있는 일이 아니라 살짝 넘어가기는 하지만 일반 소비자들은 그 사실도 모른 채 대용량이 당연히 저렴한 줄 알고 의심 없이 구입하게 됩니다. 뉴스에서는 제가 경험했던 일보다 더 황당한 사례도 방영한 적이 있습니다. 리필용 상품이 정품보다 비싸게 판매되기도 한다는 겁니다. 마트 판매측 답변은 '유통'의 과정에서 자주는 아니지만 우연찮게 발생한 것이라 둘러댑니다. 이것도 뭐로 보나 이치에 어긋나는 일이지요. 답변이야 어떻든 정품보다 리필용 제품이 더 비싸다는 것은 공감하기가 더 어렵습니다.

대형마트나 백화점을 가면 통과의례처럼 와인 친구들을 만나러 와인 매장에 갑니다. 와인 가격표도 보고, 신상 와인도 보고, 이벤트 여부도 확인할 겸 겸사겸사 말입니다. 제가 찾아간 매장은 삼각형 형태의 긴 거치대에 양방향으로 와인들을 가지런히 정리해놨습니다. 여유를 갖고 와인 매대 주변을 빙빙 돌아가며 여유 있게 와인과 이야기하고 있었습니다. 그러다가 문득 매대에서 우연치 않게 퍼스트 와인이 세컨드 와인보다 저렴하다는 것을 발견하였습니다. 나란히 있지 않고 앞뒤로 전시가 되어 있었기에 눈여겨보지 않았다면 전혀 발견을 못했을 겁니다. 그래서 매장 직원에게 물었습니다. 대답은 퍼스트 와인은 현재 세일중이라고 합니다. 와인이 한두 푼 하는 것도 아니고 뭐로 보나 이치에 어긋나 보입니다. 저는 그 사실을 알았기에 당연 퍼스트 와인을 샀겠지만 아마도 다른 사람들은 와인 가격이 뒤바뀐 것도 모른 채 와인을 구입할 것입니다. 대용량 상품과 낱개포장 상품의 가격이 뒤바뀐 것처럼 말입니다.

다음에 또 그 매장을 방문했습니다. 한 번 당황한 경험이 있어서 그런지 그 매장은 약간의 색안경을 끼고 보게 되었습니다. 그런데 아니나 다를까 퍼스트 와인, 세컨드 와인 사건보다 더 황당한 와인을 발견했습니다. 같은 빈티지 같은 라벨의 와인이 다른 가격으로 판매되고 있었습니다. 같은 매장에서 판매대 앞뒤로 다른 위치에 있을 뿐인데 가격 차이가 있으니 말입니다. 매장 직원에게 물어보았습니다. 대답은 수입사가 달라서 그렇다고 합니다. 이 역시 뭐로 보나 이치에 어긋나 보입니다. 복잡한 와인 '유통' 구조는 잘 모르겠습니다. 하지만 같은 매장에서 다른 가격에 판매되는 것은 손님 입장에서는 이해하기 힘듭니다. 이는 정품과 리필용 상품 가격이 '유통'으로 인해 가격 왜곡이 생긴 것과 같습니다.

'유통'의 기본은 생산자와 소비자를 잇는 끈입니다. 그래서 유통 간의 경쟁은 이 둘의 관계를 더욱더 가깝게 하는 순기능을 갖게 되고, 결국에는 생산자, 소비자, 유통자 셋 모두가 이기는 관계로 발전되는 것입니다. 하지만 유통 자체가 복잡하다는 것은 유통이 아닙니다. 유통을 빙자한 '정체'입니다. 말 자체에서도 '흐른다'는 개념이 있는데 복잡하다는 것은 흐르지 않고 막혀서 고여 있다는 뜻입니다. 유통이라 부르고 독점이라 쓴 것과 다름이 없습니다. 어쩌다 와인의 유통구조는 복잡함을 넘어서서 다단계로 진출하였습니다. 와인조차도 일반 상품처럼 상품화되어 정신 바짝 차리지 않고 구매하지 않으면 '낫 놓고 기억자도 모르는 일'이 되어버렸습니다. 당장 '와인'을 눈앞에 두고도 '와인'을 못 알아보는 지경으로 다다른 것입니다.

글씨체

제 글씨는 제가 알아봅니다. 보자마자 제가 쓴 글이라고 아는 경우도 있긴 하겠지만 아마 대부분은 위아래 쭉 훑어본 뒤에 자기 글 여부를 판단할 겁니다. 물론 이 경우에도 오랜 시간이 걸리지 않습니다. 하지만 제가 쓴 글이라도 아주 오래전에 쓴 글이라면 조금은 경우가 달라집니다. 제가 쓴 글인가 긴가 민가 하면서도 제 글씨라고 말하기에는 자신 없어 할 수도 있습니다. 자신도 모르게 글씨체도 조금씩 세월에 묻혀서 변화해갑니다. 그 변해가는 모습 때문에 현재와 과거 사이의 시간차가 크면 클수록 제가 쓴 글자지만 전혀 다른 글자로 다가올 수 있습니다. 고등학교 때 필기한 교과서나 노트를 펼쳐보세요. 지금 글씨체와 비교해 보더라도 그 차이가 더 명확할 겁니다.

와인은 포도를 주원료로 합니다. 그해 날씨에 따른 포도농사 여부에 따라 와인의 품질에 지대한 영향을 끼칩니다. 또한 와인 양조 과정에 있어서 다소 기계의 힘을 사용하지만 어디까지나 장인의 손길이 절대적입니다. 인간이 하는 일이 중심이다 보니 그 기술조차도 해마다 편차가 있기 마련입니다. 한 병의 와인을 만듦에 있어서 다양한 변수가 존재하기 때문에 해마다 똑같은 맛과 향을 지닌 와인을 만들기에는 한계가 있습니다. 그래서 근소하게 생산년도를 달리하는 와인을 접했을 때 다른 와인처럼 느껴지고, 그 느낌에 따라 와인의 가격이 틀려지기도 합니다. 세월과 함께한 빈티지 와인의 경우는 전혀 새로운 와인으로 느껴지기도 하고요.

신용카드를 사용하고 나면 전표에 사인을 합니다. 본인 확인 절차입니다. 예전에는 도장을 많이 사용했지만 기술발전과 더불어 특별한 경우를 제외하고서는 거의 사인으로 대체합니다. 편하기는 하지만 사인은 위조의 위험성이 있기 때문에 보다 개성적이고, 자기만의 패턴을 꼭 지니고 있어야 합니다. 그래서 시간이 흘러도 특별한 경우를 제외하고서는 항상 같아야 합니다. 글씨체처럼 해마다 조금씩 달라진다고 하면 사인의 경제적 의미는 무색해집니다.

해를 거듭하더라도 와인의 그 맛과 향이 늘 일정하도록 노력하는 와이너리가 있습니다. 포도 농사가 지나치게 흉작이면 그

해는 와인을 생산하지 않습니다. 포도나무가 너무 어려 성숙하지 않으면 다른 브랜드 이름으로 와인을 출시합니다. 포도 작황이 나쁘면 와인 생산량을 줄입니다. 물론 빈티지에 따른 와인의 차이가 아예 없다고는 할 수 없겠지만, 이러한 경우도 다른 와이너리 동일 생산 빈티지 와인에 비해 그 맛과 향의 차이가 적습니다.

'글씨체' 같이 시간과 함께하는 변하는 와인이 있고, 신용카드의 '사인'과 같이 늘 바위처럼 그 자리에 있고자 하는 와인이 있습니다. 다 같은 와인이지만 스스로를 우리에게 표출함에 있어서 서로 다른 시간적 의미 속에서 저마다의 자리를 갖고 있는 겁니다. 어느 와인이 더 좋다, 더 나쁘다를 구별하기보다는 와인 저마다의 역할 속에서 우리와 함께한다는 것에 의미를 두어야 합니다. 글씨체 와인과 사인 와인에 있어서 가시적인 가격차가 존재하기는 합니다. 높은 가격이 좋은 와인이고, 낮다고 해서 나쁜 와인이라 생각하는 것은 큰 오해입니다. 노트 필기를 할 때 글씨 하나하나마다 글씨체를 고려하여 변하지 않는 '사인'처럼 필기할 수는 없습니다. 신용카드를 사용하고 전표에 '사인'을 할 때 늘 변하는 노트 필기 '글씨체'처럼 표기하는 것은 곤란합니다. 글씨체는 글씨체로, 사인은 사인대로 저마다 역할이 있는 것입니다. 와인도 환경에 따라, 모임의 성격에 따라, 누구와 함께하느냐에 따라 달리 선택이 될 뿐이지 가격에 따라 와인이 정해지는 것은 아닙니다. 그 차이는 우리가 만들어놓은 '와인'이 그렇게 보일 뿐입니다. 정작 '와인'은 우리를 그렇게 보지 않는데 말입니다.

환경

나는 지금 지구 한 모퉁이를 "미화"하고 있다네

부모의 잦은 싸움은 자식들을 불안하게 만듭니다. 그래서 이들 부모 밑에서 자란 아이들은 정서가 나쁜 아이들로 보통 그려집니다. 가정불화라는 가정환경이 교육환경으로 쉽게 전이되고, 어른이 되어서도 그 영향은 끝날 줄을 모르고 이어갑니다.

'파격 할인판매'가 되어버리는 '가정불화 와인들'이 있습니다. 와인 홍보가 부족해서인지, 유통과정에 크고 작은 문제가 생겨서 그런지 팔리지 않고 재고가 넘칠 경우 그 와인은 큰 할인폭을 시작으로 매장에 진열됩니다. 물론 소비자 입장에서는 와인을 보다 저렴하게 구입할 수 있어서 손해 보는 것은 없겠지만 그 전에 제 가격을 주고 와인을 구입해서 마셨던 사람이나 이미 상당량의 와인을 구입한 고객이라면 기분이 씁쓸할 겁니다.

부모의 이혼은 자식들에게 치명적입니다. 신이 일일이 다 지켜볼 수 없어서 보내준 존재가 부모인데 그들에게는 신의 대리자가 한순간에 사라진 것과 다름없습니다. 그들도 처음에는 사랑으로 시작했을 겁니다. 살다 보니까 불협화음이 생기게 되었고, 극단으로 치달았을 겁니다. 어쩌면 그들도 꼭 바랐던 결과는 아니었을 겁니다. 하지만 아이들은 그 결과에 따른 부모의 몫을 고스란히 받게 됩니다. 그리고 경쟁사회에서 다른 경쟁의 소모품으로 쓰이게 됩니다. 밑거름이 좋아도 성공할까 말까 한데 이들은 시작부터가 가시밭이고 돌길입니다. 누군가가 해야 할 짓궂은 일이 있다면 아마도 이들이 노동시장에서 1순위로 내정될 겁니다.

대량 덤핑판매가 되는 '이혼 와인'이 있습니다. 수입사가 망하거나 와인매장 축소, 레스토랑 폐업 등이 있을 경우 와인이 쏟아져 내려옵니다. 와인 관리 상태도 의심스럽고, 이미 오래전에 수입된 인지도도 없는 와인은 더욱더 상품에 불신을 더합니다. 이런 와인은 대형창고 등에서 '골라잡아 와인'으로 분류되고, 와인을 잘 알지 못하는 고객에게 타깃이 되어 이름 모르게 소비가 됩니다. 와인으로 태어서 알코올 보충용으로 외롭게 생을 마감하는 겁니다.

가정도 환경을 중요하게 다루듯 와인도 환경이 중요합니다. 늘 이상적인 환경이 될 수 없다는 것은 현실적으로 잘 압니다.

가정사라 제3자가 개입하기 힘들고, 이를 보호하기 위한 사회적 장치도 부족함이 많습니다. 그러기에 도와주고 싶어도 발만 동동 구르는 경우도 있습니다. 간혹 레스토랑에서 와인이 인테리어처럼 쓰이는 경우를 보게 됩니다. 이는 나쁜 가정환경과 같습니다. 누군가가 마시게 될 와인인데 테이블마다 전시가 되고, 판매가 될 때까지 또는 행사가 끝날 때까지 빛, 소음, 온도 등에 노출이 됩니다. 레스토랑 입장에서는 '견물생심'이라는 판매 전략을 갖고 있을지는 모르겠지만 와인 본인 입장에서는 가슴앓이하고 있을 겁니다. 제가 보다 못해 매니저에게 와인 관리 등에 대해서 조언 또는 제안을 하더라도 "네가 팔아줄 것도 아닌데 배나라 감나라 하지 마라!"라는 인상을 돌려받습니다. 이는 남의 가정사에 제3자가 개입하기 힘든 것과 같습니다.

나 하나 꽃 피운다고 풀밭이 꽃밭이 되지는 않습니다. 하지만 나도 꽃 피고 너도 꽃 피면 결국 풀밭이 꽃밭이 되지 않겠습니까? 나무 한 그루 물들어 산이 달라지겠냐고도 말하지 않아도 됩니다. 나도 물들고 너도 물들면 결국 온 산이 활활 타오르게 될 테니까요. (조병화 詩) 비단 나쁜 환경을 대처하는 최선의 방법이 각자도생만은 아닐 겁니다. 좋은 와인 환경을 만들고자 노력하는 저도 있듯이 말입니다. 같이 꽃 피우고 같이 물드셨으면 합니다.

나무

조그마한 산속에 나무부처상이 있습니다. 사람들이 나무부처상에 절을 하러 가려면 나무 부처상까지 쭉 이어지는 긴 나무 계단을 밟고 가야 합니다. 사실 계단은 불만이 많았습니다. 같은 나무로 태어나 만들어졌는데 자기는 사람들에게 짓밟히고, 부처는 사람들에게 절을 받으니까요. 그래서 계단이 나무부처에게 불만 섞긴 말로 물었습니다. "왜 너는 사람들에게 존경받고, 나는 사람들에게 밟히고 지나가는 거지?" 하고 말입니다. 나무부처는 이렇게 말했습니다.

"나는 수천 수백의 칼질로 깎기고 깎여서 만들어졌다."

똑같은 포도로 만들어졌는데 어떤 와인은 저렴하고 어떤 와인은 고가 와인으로 구별이 됩니다. 포도의 질, 국가, 와이너리 등등에 따라 와인의 가격은 천차만별입니다. 당장에 와인 매장이나 백화점을 가보더라도 같은 와인임에도 불구하고 어떤 와인은 와인 셀러에게 귀하게 보관되어 있고, 어떤 와인은 그냥 매장 진열대에 있으며, 그보다 못한 와인은 박스 채로 넣어진 채 매장 바닥 한편에 저만치 방치되어 있습니다. 와인 모임에서도 비슷한 광경을 보게 됩니다. 비싼 와인은 메인 와인이라는 타이틀을 갖게 되지만 나머지 소개되는 와인들은 보충용 와인으로 폄하되는 것을 쉽게 볼 수 있습니다.

어쩌면 위의 나무부처 이야기는 "네가 갖고 싶은 물건이 크면 클수록 고통이란 더 큰 포장지가 필요하다."라는 말과 일맥상통하는 듯합니다. 하지만 저는 조금 다르게 생각하고 싶습니다. 나무계단이 있어야 부처에게 가는 길이 쉬운 것이고, 더 많은 사람이 부처에게 다가가 절을 할 수 있는 것이라고 말입니다. 저마다 역할이 있는 겁니다. 계단은 계단대로 나무부처는 나무부처대로 말입니다. 부처에게 나무살을 깎는 고통이 있었다면 계단은 수천 수백의 신도 무게를 짊어져야 하는 고통을 앞으로도 계속 해나가야 하니까요.

와인은 하나입니다. 자세히 보면 와인을 구별한 것은 와인이 아닌 인간입니다. 어른 세계에서 평사원과 재벌 회장은 같이 어울리며 놀기가 껄끄럽겠지만 아이들은 틀립니다. 높고 낮음에 구별이 없이 서로 잘 어울립니다. 뭘 해도 재미있게 놀 수 있는 에너지가 있기 때문입니다. 와인과 와인은 서로 한자리에 있을 경우 서로 대화를 하면서 우리에게 다가섭니다. 우리가 색깔안경을 끼고 바라보니까 달라 보이는 겁니다. 저렴한 와인은 저렴한 만큼 장점이 있고, 고가 와인은 비싼 만큼 장점이 있습니다. 저마다 위치에서 자기의 역할을 하면 되는 겁니다. 처음부터 고가 와인을 마시는 사람은 드뭅니다. 저가라는 와인 계단을 통해서 고가라는 와인 부처로 다가서는 겁니다. 와인은 평등합니다.

경쟁

얼굴 찌푸리지 말아요 모두가 힘들잖아요

"내 친구가 돈을 잘 버는 것처럼 사람의 분별력을 떨어뜨리는 것은 없다."

- 찰스 킨들버거(Charls Poor Kindleberger)

와인과 경쟁을 해서는 안 됩니다. 여러분은 하나이지만 와인은 팀워크가 잘 구성된 드림팀이기 때문입니다. 여러 와인들이 도수가 없을 듯 음료수처럼 접근을 해서 우리를 방심시킵니다. 조금이라도 그 틈이 보이는 순간 우리도 모르게 와인은 우리에게 스며듭니다. 와인은 작전 성공입니다. 와인들이 정신없이 돌아가면서 여러분을 공략합니다. 술에 취하는 것은 정말 시간문제입니다. 와인의 시작이 경쟁이면 마지막은 주취자입니다. 와인의 시작이 왜곡되면 마지막은 굴절입니다. 와인을 아는 것과 와인을 마셔본 경험은 때로는 동의어처럼 보입니다. 이는 나이 많음과 지혜로움이 꼭 비례하지 않은 것과 같습니다. 나이가 들면 들수록 지식이 늘어날지는 모르겠지만 지혜가 비례해서 늘어나지 않는 이치입니다. 지식과 지혜는 동의어 같지만 전혀 다른 소산이기 때문입니다. 그러기에 '와인을 아는 것'과 '와인을 마셔본 것'은 지혜와 지식을 동일시하는 노력과 비슷합니다.

"너 이 와인 마셔봤어?"

마셔본 사람은 와인을 잘 아는 사람이 되고, 안 마셔본 사람은 와인을 더 알고 배워야 하는 사람으로 취급됩니다. 여기서 왜곡된 경쟁심리가 생깁니다. "너도 마셨는데 나라고 못 마실 이유가 있어?"라고 생각하면서 그 와인을 굳이 구입해 마시게 합니다. 와인을 알기보다는 내가 너보다 알지 못함을 인정하는 것이 자존심을 상하게 합니다. 분명 와인 마셔봄이 와인을 아는 것이 아님에도 '필드'에서는 와인을 아는 것으로 동일시됩니다.

"와인을 마시는 자리에서 친구가 마셔본 와인처럼 못 마셔본 상대방의 분별력을 떨어뜨리는 것은 없다."

왜곡된 경쟁의식은 와인을 굴절시켜 와인 경쟁을 유발시킴과 동시에 당신을 주취자로 만들어버립니다. 전날 와인을 마셨음에도 다음날 술을 마셨다고 숙취에 머리 아파하는 사람이 되는 겁니다.

수요와 공급의 법칙

수요와 공급의 관계에 따라 가격이 형성된다고 합니다. 예외인 분야도 있기는 하겠지만, 특별한 경우를 제외하면 우리 생활 전반에 미치는 방정식과 같습니다. 일자리보다 일하고자 하는 사람이 더 많습니다. 그러다 보니까 사람들 간의 경쟁이 더더욱 심해집니다. 과거에는 일자리가 늘어나는 숫자보다 사람이 늘어나는 숫자가 컸습니다. 이제는 일자리가 줄어드는 속도가 사람이 줄어드는 속도보다 빠릅니다. 과거나 지금이나 한 가지 확실한 것은 일자리가 일하고자 하는 사람보다 '갑'이라는 겁니다. 지나친 일자리 경쟁으로 인해 임금의 수치가 계속하여 떨어졌습니다.

이런 악순환을 막기 위해 최저임금이라는 장치를 만들었습니다. 더 이상 떨어지는 것을 막기 위한 마지막 가이드라인으로써 말입니다. 그러다 보니까 다른 방향으로 틀어서 사람들을 비교·평가하는 묘수를 찾아냅니다. 사실 파트타임 잡(아르바이트)은 단순 노동입니다. 정확하게 말하면 일시적 직업으로써 일의 공백을 메우거나, 정규직 일을 돕는 정도의 일입니다. 그러나 일하고자 하는 수요가 많고, 일자리가 적다 보니까 일 이상의 조건을 제시하여 채용하기 시작한 겁니다. 보다 일을 잘하고, 성실하고, 책임감이 있는 사람들로 말입니다. 사실 위에 나열된 조건은 정규직 직원을 뽑을 때 고용주가 챙겨야 할 부분입니다. 그런데 이러한 것을 이제는 단순 노동을 하는 아르바이트생에게도 적용을 하는 겁니다. 임금을 더 내릴 수 없으니 적은 인원으로 다수의 일을 할 수 있는 정규직 같은 아르바이트생을 뽑는 겁니다. 더 이상 임금을 내릴 수 없으니 다른 방향으로 틀어진 묘수로써 말입니다.

아르바이트생은 일을 함에 있어서 책임감이 덜해야 합니다. 책임감 있게 일하는 사람을 원하면 정규직을 뽑아야지요. 그럼에도 알바생들이 일에 책임감 없이 시간만 때우다 간다고 불평합니다. 어쩌면 고용주가 나쁘다고 말하기 앞서서 일자리에 비해 일할 사람이 많은 탓이고, 오랫동안 비정상이 정상화된 노동환경에 너무나 노출된 탓도 있습니다. 결국엔 아르바이트 가격으로 정규직 직원을 쓰는 인력의 부조화가 생겼고, 최저 임금이라 쓰고 적정 임금이라고 읽는 것이 너무나 당연화된 사회가 되었습니다.

와인은 저렴한 와인이든, 값비싼 와인이든 같은 세금이 붙습니다. 물론 가격 차이가 클수록 세금의 차이도 크겠지만 원가 대비 세금 비율이기 때문에 와인이 저렴하다고 세금 저항이 작고, 와인 값이 비싸다고 세금 저항이 큰 것은 아닙니다. 모든 와인은 세금을 갖고 있습니다. 와인 모임을 갖다 보면 인원수에 비해 많은 와인을 챙겨오는 모임 주최자가 있습니다. 이미 참여자들에게 와인 리스트를 공개했고, 돈을 대부분 선입금을 받았기 때문에 모임 주최자는 참여자들 간의 약속이다 생각하고 와인을 전부 개봉하고 다 같이 마십니다. 그러다 보면 공급(와인)이 수요(참여자)보다 훨씬 크게 되는 경우가 있습니다. 이 경우 와인을 다 마시지 못하고 남기게 됩니다. 그리고 남은 와인은 결국 버려지게 됩니다. 와인 특성상 한 번 개봉한 와인을 며칠 뒤에 다시 마신다는 것은 곤란하기 때문입니다. 그럴 때 모임 주최자는 와인을 잘 마시는 사람과 못 마시는 사람 간에 수요를 파악한 뒤 적절하게 와인을 따라줘야 합니다. 참여자에 따른 와인 공급 수요를 맞춰야 하는 겁니다. 이렇게 와인 조절을 계속하게 되면 와인이 남은 것을 최소화할 수 있게 됩니다.

하지만 똑같이 돈을 지불했다는 이유로 동일하게 와인을 따라주는 경우 어떤 참여자분은 와인을 다 마시지 못하고 와인을 버리는 사태가 옵니다. 다음 차례에 마실 와인을 따라 마시기 위한 고육지책인 겁니다. 잘 마시는 사람 입장에서는 와인을 버리는 행동이 아깝게 여겨지거나 "와인을 못 마시면 오지를 말지!"라는 시선을 상대방에게 줄 수도 있습니다. 와인을 잘 못 마시는 입장에서는 와인을 따라줄 때마다 전부 다 마시자니 자신의 체력이 따라가지 않고, 버리자니 피 같은 돈이 새는 것 같아 상대적으로 와인을 비싸게 주고 마시는 느낌을 받게 됩니다. 누군가가 와인만 잘 조절해주면 모임 안에서 누군가는 와인을 더 마시게 되는 것이고, 상대적으로 누군가는 와인을 덜 마시게 되기에 참여자 간에 양보가 오고 가는 와인으로 재구성되는 겁니다. 작게는 참여자 간에 서로를 챙겨주는 것이라 할 수 있고, 크게는 참여한 모든 이들이 만족해 다시 오고 싶어 하는 와인 모임으로 성장하는 것이고요.

마시는 와인에도 세금이 들어있고, 버려지는 와인이라고 해서 세금 앞에서 자유롭지는 않습니다. 무엇이든 세금 앞에서는 동등합니다. 와인을 마시는 사람들 간에는 분명 와인 개인차가 존재합니다. 그러기에 모임 속에서 수요와 공급이라는 방정식을 잘 풀어나가야 하는 겁니다.

정규직 같은 아르바이트생은 고용주가 가장 원하는 아르바이트 상이 아닐까 합니다. 와인 모임에서도 정규직 같은 주최자를 원합니다. 하지만 모임 주최자는 소믈리에 같은 전문가가 아닐 수 있습니다. 와인 서비스를 제공하고, 그에 따른 이익을 창출하려는 사람이 거의 아닙니다. 그러기에 그들에게 주어진 모임 속 책임감은 아르바이트생 정도입니다. 그러므로 보다 더 세밀한 와인 서비스를 원하신다면 더 큰 비용을 지불하고 아르바이트생 모임보다는 소믈리에 또는 와인 전문가 등 책임감이 존재하는 정규직의 모임에 가셔야 하는 겁니다. 이런 저런 이유로 주최자가 수요와 공급을 못 챙겨 와인 방정식을 푸는 데 어려워한다면 여러분이 주최자를 조금만 도와주세요. 아주 간단합니다. 스스로 먼저 "조금만 따라주세요."라고 말만 하셔도 충분한 도움이 됩니다.

거시기

고속도로를 달리다 보면 졸음쉼터가 있습니다. 고속도로 교통사고의 원인으로 졸음운전이 커다란 비중을 차지한다고 하여 최근 들어 고속도로마다 졸음쉼터가 마련되어 있는 것을 쉽게 볼 수 있습니다. 처음에는 그 이용객 수가 적었지만 최근 들어 부쩍 이용객이 늘어난 것을 보면 장거리 운행으로 인한 졸음이 많다는 것을 간접적으로 알 수 있습니다. 한 번은 여러 팀원들과 함께 사업차 전라도에 갈 일이 있었습니다. 고속도로를 한참 달리다가 고속도로 한편에 마련된 졸음쉼터 이용 홍보문구를 보고 한참 웃었습니다.

"졸리면 거시기 하고 가이소."

서울 근교에서 "졸음운전의 종착역은 이 세상이 아닙니다."

와 같이 평소 무서운 졸음 문구만 보다가 그 지역 특색에 어울리는 졸음 문구를 보니 서울 사람들이 '빵' 하고 터질 수밖에 없었습니다. 그날 하루는 모든 동료들이 말끝마다 '거시기'를 달고 다녔습니다. 동료들 중에는 여성도 있었음에도 불구하고 성적 불편함 없이 '거시기' 대열에 자연스럽게 합류했습니다. 결국엔 '거시기 팀, 거시기 출장'이 되었고, 남녀노소 모두 '거시기 공감대'를 얻은 데 성공한 겁니다.

'거시기'라는 표현은 남녀가 함께 있는 자리에서 사용하기에 조금은 불편한 사투리입니다. 실제 지방에서는 일상적으로 사용되는 말이라고 하기는 하지만 다른 지역에서는 오해의 소지를 불러일으킬 수 있기 때문에 가급적이면 다른 말을 선택해서 사용하지, 노골적으로 '거시기'란 말을 반복해서 사용하면 매너가 없는 사람으로 매도될 수 있습니다. 하지만 어떤 사건을 계기로 '거시기 공감대'가 형성된다면 이후에는 이야기가 틀려질 수 있습니다. '거시기'라는 사투리가 구성원 서로 간에 대화의 소재가 될 수 있고, 딱딱한 분위기를 부드럽게 하는 윤활유가 될 수도 있습니다.

주변 사람들은 와인을 잘 모르기도 하지만 마실 기회도 별로 없습니다. 그러기에 어떤 모임이 되었든, 술을 마시는 자리가 되었든 간에 그 모임 안에서 와인을 편하게 마시자고 권하기가 참으로 애매한 경우가 있습니다. 애당초 와인과 어울리는 레스토랑을 가기로 했거나 사전에 와인을 마시기로 사람들과 조율을 하지 않는 이상 와인은 맥주나 소주처럼 늘 준비된 술이 아닙니다. 이는 '거시기'라는 표현이 늘상 대화에 잘 사용되지 않고 도리어 불편함을 주는 원리와 같습니다.

'거시기 공감대'처럼 '와인 공감대' 없이 자리가 자리인 만큼 어쩔 수 없이 와인을 마시는 자리에 참석하게 된 사람이 있거나, 강요로 인해 참석한 구성원이 있으면 그들에게 와인에 대한 편견 또는 왜곡을 심어줄 수 있습니다. 식초처럼 '시큼털털한 술' 또는 자신의 문화적 지위를 뽐내는 '자랑질 술'로써 와인이 불편하기만 할 겁니다. 이는 대화 속에서 '거시기'란 표현이 쓰이면 쓰일수록 듣기 불편해지는 것과 같습니다.

누군가에게 와인을 소개하고 싶다면, 비단 두 사람만이 함께 있다 하더라도 서로 간에 '와인 공감대'를 꼭 만들어야 합니다. 그렇지 않으면 도리어 와인을 소개하지 아니한 것만 못하게 됩니다. 문화라는 것이 그렇습니다. 그 크기가 거대하기에 주머니에서 동전을 '넣었다, 뺐다' 하는 것처럼 쉽게 받아들이고, 쉽게 버리는 것이 아니기 때문입니다. 처음에는 달달한 커피에 익숙했던 우리가 이제는 쓴맛이 나는 아메리카노를 조금씩 즐겨 마시기 시작했고, 지금 그 누군가에게는 당연한 일상이 되어버린 것처럼 말입니다.

어쩌면 '와인의 난해함' 그 자체가 처음 와인을 접하는 사람들에게 있어서 와인 문화에 좀 더 다가서려는 것을 어렵게 하는 것이 아니라, '와인 공감대' 없이 무리하게 와인을 권한 사람들이 도리어 '와인 문화 근접'을 힘들게 하는 것일 수도 있습니다.

종목

동계올림픽을 우리나라에서 개최합니다. 별 종목도 없는데 우리나라에서 한다니까 그 규모가 하계올림픽에 못 미치는 아시안게임 정도가 되지 않을까 생각했습니다. 하지만 참가 선수들의 경기 장면들을 TV로 실시간 시청하면서 깜짝 놀랐습니다. 별의별 종목이 다 있고, 생전 처음 보는 종목들이 연일 방송을 타는데 다양한 경기 규모에 입이 딱 벌어질 정도입니다.

왜 이렇게 동계올림픽에 대해 평가절하를 했나 따져보니 제가 알고 있던 과거 동계올림픽은 우리나라 출전 경기만 국한적으로 선별하여 방송했던 것을 시청한 것입니다. 우리 선수가 해당 종목에 출전을 안 했거나 출전했어도 본선이 아닌 예선에서 탈락한 것은 아예 방송조차 안 한 것입니다. 그래서 제가 생각하는 동계올림픽은 그간 맞춤형 올림픽이었던 것이고, 그 규모가 작아만 보였던 것입니다.

사실 와인의 종류가 상당히 많다는 것은 알고는 있었습니다. 그러나 어느 매장을 가든 비슷비슷한 와인이 많았고, 오랜 기간에 걸쳐서 이곳 저곳 방문하다 보니까 직접 와인을 마셔보지는 않았지만 눈에 익은 와인이 대부분이었습니다. 대형 와인 수입사에서 선택된 와인이다 보니까 그렇습니다. 이는 동계올림픽 종목은 실제 많은데 우리나라에서는 메달권 인기 종목만 한정적으로 경기가 보여지는 것과 같습니다.

우리나라에 와인 수입사가 많다 하더라도 수요가 없는 와인이나 생소한 라벨 와인은 회사 입장에서도 부담이 됩니다. 그러다 보니 보다 익숙하고 수요가 많은 와인을 선호하여 수입을 하고, 그런 인기 있는 와인들이 시장에 앞 다투어 풀립니다. 가뜩이나 와인 시장 규모가 작은데 사업상 안전한 와인만 수입을 하다 보니 '와인 중복도'의 상대적 체감은 높아질 수밖에 없습니다. 여태 제가 보아오고 마셔온 와인은 수입사의 맞춤형 와인이었던 겁니다. 맞춤형 동계올림픽처럼 말입니다.

제가 와인을 구경하는 속도보다 와인이 새로 생산되는 속도가 훨씬 빠릅니다. 이는 평생 시음만 하더라도 현존 모든 와인을 마신다는 것도 불가능하다는 것을 말합니다. 수입사가 건네주는 와인만 마시는 것은 비단 '우물 안의 개구리'라는 표현을 쓰고 싶어서는 아닙니다. 메달권 종목만 TV에 방영된다고 해서 편파보도가 아닌 것처럼 말입니다. 수입사가 와인을 골라주는 것이 TV에서는 보여줄 것만 보여주는 운동 종목처럼 '다양성'은 떨어지는 단점이 있을지라도 반대로 '집약성'을 보여주는 장점도 있지 않습니까? 저는 이제 동계올림픽을 한 번 치러봤기에 보여지는 경기가 다가 아니라는 것을 몸소 알게 되었습니다. 이제는 와인 차례입니다. 와인 동계올림픽을 한 번 치렀다 생각하시고 보여지는 와인이 다가 아니라는 것을 몸소 알아보자고요.

오해

저는 개인적으로 초코케이크를 좋아합니다. 케이크의 종류도 와인만큼은 아니지만 그 종류가 가격별로도 상당합니다. 제입이 저렴한 관계로 초코케이크면 저는 만족도 100%입니다. 한번은 함께 축하할 일이 있어 초코케이크를 사오라고 같이 일하는 직원에게 부탁했습니다. 그리고 초코케이크를 많이 먹을 생각으로 기분 좋게 점심도 적당히 먹었습니다. 그런데 이게 웬일입니까! 막상 직원이 사온 케이크를 세팅하는데 초코가 아닙니다. 분명 초코케이크를 사왔다고 직원에게 직접 들었는데 말입니다. 자세히 보니 초코케이크이기는 했습니다. 꼭 틀린 것만은 아닙니다. '화이트' 초코케이크!

여름에 동료들끼리 여행 갈 일이 있었습니다. 그 중 한 친구가 선물받은 와인이 두 병이나 있다면서 갖고 오겠다 하여 흔쾌히 저는 'Yes'를 외쳤습니다. 다른 동료들도 술이라고 하니 반기는 분위기였습니다. 그런데 막상 준비한 와인을 꺼내놨을 때 반응이 시큰둥했습니다. 우리가 생각한 와인이 아니었습니다. 맑고 투명한 '화이트' 와인이었습니다.

초콜릿은 크게 '블랙 & 화이트' 두 종류가 있습니다. 하지만 보통 초코라 하면 블랙을 뜻하고, 굳이 '화이트' 초코라면 초코란 단어 앞에 '화이트'라는 수식어를 붙여서 말을 합니다. 귀금속인 금도 '화이트' 골드가 있긴 하지만 대부분 금하면 노란색을 연상하듯이 말입니다. 직원이 사온 케이크를 기대했을 때에는 마음속으로 '블랙'을 그렸는데 실제 케이크가 '화이트'라서 기대가 무너진 겁니다. 초코가 초코 아닌 초코가 되었습니다.

와인도 크게 '레드 & 화이트' 두 종류로 구별을 합니다. 하지만 대부분이 와인이라고 하면 붉은색 와인을 연상합니다. 가방이든 옷이든 와인 컬러라고 하면 붉은색 계통의 제품이 생산됩니다. 그런데 동료가 선물을 받았다고 하면서 챙겨온 와인이 '레드'인 줄 알고 기대를 했는데 '화이트'이다 보니까 서로들 당황한 겁니다. 심지어 저는 '레드' 와인용 글라스까지 챙겨왔는데 말입니다. '화이트' 와인도 같은 와인이니까 여행 가기로 약속한 동료가 잘못 챙겨온 것도 아닌데 와인 아닌 와인을 갖고 온 느낌입니다.

친분이 있는 사람들끼리 와인을 갖고 와서 마시는 경우가 있습니다. 이럴 경우 '화이트'란 수식어가 없는 이상 '레드' 와인으로 통용됩니다. '화이트' 와인을 갖고 오신다면 반드시 '화이트'라고 말을 해야 서로 간에 이해의 폭이 생깁니다. 와인 모임에 익숙하지 않으신 분이 선물받은 와인을 갖고 오실 때 '레드 & 화이트' 에피소드가 간혹 생기곤 합니다. 하지만 우리는 다 이해합니다. 여기에 모인 사람들도 다들 한 번쯤은 오해를 사봤거든요. 화이트 와인을 갖고 오셨다고 당황해하실 필요 없습니다.

틈

와인 모임이 늦게 끝나면 끝날수록 대중교통 막차시간이 아슬아슬해집니다. 지금은 스마트폰 앱이 잘 발달되어 있어 차를 놓치는 경우가 적다 하지만 과거에는 꼭 전철까지는 잘 탔는데 버스로 환승하는 과정에서 집까지 바로 가는 버스를 놓치곤 했습니다. 이럴 때 제가 쓰는 스킬은 아직 막차가 아니라서 여전히 운행 중인 버스를 보고 제가 가고자 하는 목적지에 가장 인접 지역까지 갈 수 있는 버스를 찾는 겁니다. 시간적 여유가 많으면 천천히 알아볼 수도 있을 겁니다. 하지만 이 시간에 오는 버스가 다 막차다 보니 그 버스를 타야 할지, 그냥 보내야 할지를 순간적으로 판단을 잘해야 합니다. 그때 꼭 판단에 참고하는 결정적인 변수는 평소 눈에 익은 버스인지입니다. 즉 '동네 버스' 여부입니다. 이 밤에 집 앞까지 정확하게 가지는 않더라도 집 근처까지만 가도 선방한 것이기 때문입니다. 그래서 저는 평소에도 버스 정거장에서 타고자 하는 버스를 기다릴 때 하늘만 바라보며 멍 때리지는 않습니다. 버스 정거장 유리면에 붙어있는 다른 버스 번호도 보고, 버스 노선도 눈여겨봅니다. 솔직히 처음에는 다른 버스 노선들이 눈에 잘 들어오지는 않았습니다. 그런데 틈틈이 버스 노선들을 보다 보니까 다른 버스 노선들도 눈에 들어오기 시작했습니다. 이러한 이 작은 습관이 막차라는 위기 상황(?)에서 커다란 기회로 돌아온 겁니다.

와인 매장을 방문하는 목적이 꼭 와인을 사기 위함은 아닙니다. 와인 매장 대부분이 날짜를 정해놓고 할인행사를 한다고 하지만 간혹 이벤트성으로 할인판매를 진행하기도 합니다. 틈틈이 와인 매장을 방문하면서 와인들을 익혀두어야 와인 매장에서 할인판매 등을 할 때 크게 작용을 하여 와인 구매까지 연결되거든요. 꼭 사고자 하는 와인만 '휙' 둘러보시지 마시고 다른 와인들도 슬쩍이라도 보시는 겁니다. 이는 버스 정거장 앞에 서서 내가 타고자 하는 버스 말고 다른 버스 노선도도 익히는 것과 같습니다. 그래서 저는 대형마트든 백화점이든 일상적인 쇼핑을 하고 난 뒤 나머지 모든 시간적 여유를 '와인 탐방'에 할애합니다. 평소 와인에 대한 생각의 끈을 놓치지 않고 있다가 큰 폭으로 할인행사를 할 때 평소 사고자 눈에 익혀둔 와인과 매장

할인리스트 와인을 비교해가면서 최선의 와인을 선택하는 겁니다. 빠른 판단에 따른 실시간 예약이 최적의 와인을 선택하는 저만의 '와인 스킬'입니다. 이는 막차시간이 다가올 때 "타야 할까? 말아야 할까?"를 고민하는 것과 유사합니다. 제 눈에 좋은 와인은 남의 눈에도 좋아 보이기 때문에 남들이 먼저 사기 전에 먼저 선점을 하는 겁니다. 사실 제게 들어맞는 와인도 있으면 좋겠지만 항상 제가 원하는 와인만을 세일하는 것이 아니기 때문에 그렇습니다.

와인만 구경하고 구매를 안 한다고 해서 매장 직원들이 싫어하지 않습니다. 다들 미래 고객으로 생각하지 절대 불청객 취급은 하지 않을 겁니다. 걱정 붙들어 매시고 충분히 와인 매장들을 둘러보시면서 와인들을 익히다 보면 좋은 와인과 인연을 닿을 기회가 생기실 겁니다. 이는 평소 제가 타는 버스는 아니지만 다른 버스 노선을 익혀두면 '막차'라는 위기가 왔을 때에도 당황하지 않고 다른 버스를 탈 수 있는 용기를 주는 것과 비슷합니다.

안전띠

그리운 것은 그리운 대로 내 가슴에 멜 거야

일산에 친구를 만나러 갈 일이 있었습니다. 지하철을 이용하기에는 노선상 불편함이 많아 보통 빨간색 광역버스를 탑승하곤 합니다. 대중교통을 이용하여 일산에 가는 것이 처음이라 저도 대세에 따라 광역버스를 타고 일산에 가기로 마음먹었습니다. 공항 리무진처럼 차량 크기의 포스가 있더라고요. 통로가 좁은 버스에 올라타서 자리를 잡아 앉았는데 엉덩이에 뭔가 깔린 기분이 들었습니다. 뭔가 싶어서 놀란 가슴을 쓸어담고 더듬더듬 찾아본 바 휴지처럼 돌돌 말려있는 안전띠였습니다. 개인 승용차에 탑승할 때에는 꼭 안전띠를 착용하지만 서울을 오고 가는 대중교통에서 안전띠는 사실 생소했습니다. 그냥 자리서 안전띠를 안 하고 앉아있자니 가뜩이나 좁은 자리에 안전띠가 엉덩이에 배기는데 너무나도 거추장스러웠습니다. 특히 겨울이라 옷도 두껍게 입은 탓에 탑승 자리 곳곳에서 발생하는 지극한 포만감을 이루 말할 수 없을 지경이었습니다. 평소 안전띠를 잘 메는 습관이 있었고, 여행을 가고자 관광버스를 탈 때도 안전띠를 꼭 메왔기 때문에 대중교통에 안전띠라는 어색함을 뒤로 하고 우선은 안전을 위해 착용했습니다. 야구공만큼의 공간이 엉덩이에서 사라져 편해지고 나니 안전띠를 착용하길 참 잘했다는 생각이 들었습니다. 만약인데 처음 버스 자리에 착석했을 때 안전띠의 불편함이 없었더라면 착용하지 않았을 것 같습니다. 사실 곰곰이 생각해보면 시트 제작 과정에서 약간의 불편함을 이용하여 안전띠를 착용하게끔 하여 '안전'을 유도한 것은 아닌가 하는 생각이 들었습니다. 막상 광역버스를 타고 보니 고속도로를 타고 겁나도록 달리더라고요. 안전띠는 필수였습니다.

와인은 개인적으로 참 마시기 어려운 술입니다. 저도 와인을 마시기 전에 코르크로 단단히 봉입한 와인을 오픈해서 마시기 위해 진땀을 뺀 기억이 납니다. 병맥주야 오프너 없이 숟가락만 있어도 충분하고, 소주는 비틀어 짜기만 하면 되니 이 둘을 마심에 있어서 커다란 장애는 없습니다. 하지만 와인은 다릅니다. 와인 오프너가 없이 와인을 오픈한다는 것은 거의 불가능합니다. 다들 한 번쯤 경험해보셨을 겁니다. 와인 오프너 없이 한 번 와인을 따보겠다고 젓가락으로 찔러보기도 하고, 칼로 파보기도 하고 말입니다. 그러다가 힘들게 코르크를 제거하고 나서도 와인 위로 둥둥 떠다니는 코르크 가루가 거슬리고, 연실 와인을 마시면서도 입으로 코르크 가루를 뱉어내고 말입니다. 기분을 내자고 마시기 시작한 와인이 시작부터 두더지 기술이 투입되고, 마시면서도 입으로 실시간 필터링을 해야 하니 좋은 이미지로 끝날 일이 없을 겁니다. 평소 와인 오프너를 이용하여 능숙하게 와인을 많이 따본 사람이라면 도구의 힘인 지렛대의 원리를 사용하여 쉽게 개봉할 수 있습니다. 그러나 와인이 처음인 사람들은 보다 테크니컬하게 와인을 개봉하기에는 무리가 있습니다. 텔레비전이나 영화에서 본 것은 있어 뱅글뱅글 돌려서 따기는 하는데 오로지 힘만을 써서 오픈을 하려고 합니다. 남성분들이라면 어쨌든 오픈하겠지만 여성분들에게는 이것도 어려운 과정입니다. 최근 생산되는 와인들이 소주처럼 비틀어서 와인을 오픈하는 스크류 방식이 있다고는 하지만 여전히 코르크 방식이 많습니다. 와인은 왜 이렇게 불편할까요? 시작부터 말입니다. 쉽게 만들 수는 없을까요?

국수는 젓가락으로 먹어야 그 맛이 삽니다. 포크가 먹기 편해도 국수의 짝은 젓가락입니다. 젓가락이 다소 서툰 사람도 힘들어하면서도 젓가락을 고수하지 포크를 사용하지는 않습니다. 스파게티는 서양 음식이지만 가장 국수에 가깝습니다. 우리가 스파게티를 젓가락을 사용해서 보다 능숙하게 먹을 수 있다 하더라도 포크로 먹습니다. 굳이 스파게티를 젓가락으로 먹겠다고 고집하면 젓가락을 가져다주기는 하겠지만 웨이터가 당신을 위아래로 한 번쯤은 훑어볼 겁니다. 어쩌면 주변에서 같이 식사하는 사람들도 이 장면을 본다면 없어 보인다면서 속으로 "너는 삼겹살, 아니 한식이 잘 어울려!" 그럴지도 모릅니다. 역시나 와인은 코르크여야 와인인 듯합니다. 국수에는 젓가락처럼, 스파게티에는 포크처럼 말입니다.

도구가 무슨 상관이든 밥만 잘 먹으면 되고, 뭐로 와인을 봉입하든 잘 마시기만 하면 되긴 합니다. 하지만 이상하게도 '기분'이 살지 않습니다. 그 '기분' 말입니다. 사실 와인 코르크를 어려워하실 필요는 없습니다. 상당히 쉬운 방법이 있습니다. 발상의 전환만 하시면 됩니다. 코르크를 빼려고 하지 마시고 병 밑으로 밀어넣으시면 되거든요. 와인병 속에서 코르크가 동동 떠다니기는 하겠지만 코르크 가루도 없고, 와인을 따라 마시는 데 아무런 문제가 없습니다. 안전띠는 여러분의 안전을 위함이지 불편함을 주기 위함이 아닙니다. 와이너리도 코르크를 선택한 것은 와인의 안전한 보관을 위함이지 결코 여러분이 와인을 마시기 어렵게 만들고자 함이 절대 아닙니다.

지우개

사랑은 연필로 쓰다가 틀리면

문방구에서 새 지우개를 살 때면 새 지우개가 '폐활량'이 좋아서 그런지 향긋한 고무냄새가 나곤 했습니다. 필통과 함께 가방 속에 넣어두어도 가방을 열 때면 그 지우개 냄새를 잊을 수 없었습니다. 연필 또는 샤프로 글씨를 쓰고 지울 때도 신삥 지우개라서 그런지 훨씬 잘 지워지고, 공책 종이에도 무리가 없이 종이 표면이 말끔합니다. 간혹 새 지우개를 책상 밑으로 떨어트리기라도 하면 워낙 새 지우개가 '탄력'이 넘쳐서 그런지 책상 밑바닥의 섹터 범위를 넓게 잡아서 수색을 해야 간신히 새 지우개를 찾을 수 있습니다. 책상 높이가 낮아 떨어뜨린 새 지우개가 바로 제 발밑에 있겠지 생각하고 열심히 찾다가 저 멀리 엄한 곳에서 발견되어 허탕친 적이 있어서 그럽니다.

하지만 시간이 흐르면 흐를수록 새로 산 지우개의 '폐활량'은 점점 떨어지면서 향긋한 고무냄새도 없어집니다. 말랑말랑했던 지우개는 점점 뻣뻣해지고 딱딱해집니다. 글씨도 잘 안 지워지고 조금 힘을 주어 공책에 잘못 쓴 글씨를 지우고자 하면 어김없이 공책 종이가 일어나서 공책에 흉상을 남깁니다. 책상에서 떨어져도 이제는 '탄력'도 없어진 상태라 떨어진 그 자리 근처에서 쉽게 지우개를 찾습니다. 우리 몸도 처음에는 '탄력'이 있고, 뻣뻣하지 않았으며, '폐활량'도 좋아 온몸에 좋은 기운이 넘쳤습니다. 하지만 잘못된 습관을 탓할 수도 있고, 나이 듦으로 인한 노환 탓일 수도 있겠지만 하나 확실한 것은 점점 우리 몸은 지우개처럼 경화되고 있다는 겁니다.

와인을 마심에 있어서 와인에 대해 느끼는 만족도는 사람마다 상이합니다. 같은 와인인데 마시는 사람마다 그 반응이 다르게 표현이 되니까요. 알고 보니 와인만의 문제가 아닌 자신의 미각이 점점 경화가 되어 와인의 맛과 향에 점점 영향을 준다는 것을 알게 되었습니다. 새 지우개와 딱딱하게 굳어진 지우개의 '탄력' 차이처럼 말입니다. 사실 단맛만 해도 그렇습니다. 단맛을 싫고 좋음을 떠나 당도를 느끼는 개인차도 심하다는 것을 쉽게 알 수 있습니다. 저도 처음에는 제 감각들이 점점 딱딱해진다는 사실을 몰랐을 때에는 와인을 많이 마셔본 사람과 적게 마셔본 사람들 간에 단순한 양적 경험에 따른 개인차인 줄 알았으니까요.

좋은 와인을 찾아 마시는 거나 자신의 취향에 맞는 와인을 선호하는 것이 일반적인 와인에 대한 애호라 할 수 있습니다. 하지만 자신만의 와인 말고 와인에 맞는 우리를 만드는 것 또한 생각해볼 필요가 있습니다. 뻣뻣한 몸에 와인 말고, 말랑말랑 몸에 와인을 말입니다. 다행인 것은 우리는 지우개가 아니라는 겁니다. 열심히 갈고 닦으면 딱딱한 몸도 다시 '탄력' 있는 유연한 몸으로 돌아갈 수 있습니다. 누가 보면 아주 열심히 운동을 해야 하는 줄 아는데 아닙니다. 스트레칭 위주로 운동하셔도 충분합니다.

와인이 건강에 어디가 좋으냐고 묻는 사람들이 있습니다. 인터넷만 찾아봐도 온통 와인이 인간에게 좋다고 하는 것을 써놨습니다. 하지만 저는 마셔서 건강해지는 방법보다 마시기 위해 건강해지는 방법을 권하고 싶습니다. 우스갯소리로 예전에 이런 말이 있었습니다. "우유를 마시는 사람보다 우유를 배달하는 사람이 더 건강하다!" 와인을 마셔도 건강한데, 와인을 마시기 위해 몸 관리도 한다면 이보다 더할 나위는 없습니다. 멀지 않아 와인을 위한 맞춤형 '폐활량'을 갖게 되실 겁니다. '탄력' 있는 몸이 '탄력' 있는 와인을 만나는 것 또한 잊지 마시고요.

슈퍼맨

힘이 센 천하장사 무쇠도 만들 사람

영화 속 한 장면입니다. 슈퍼맨이 석탄을 한 손에 쥐고 입을 악물면서 주먹에 힘주었습니다. 그리고 나서 손을 펴니 석탄은 온데 간데 없고 대신 거대한 다이아몬드가 손 위에서 반짝반짝거리고 있는 겁니다. 저는 이 영화의 한 장면 때문인지 평소 때보다 화학에 대한 관심이 커지게 되었습니다. 또한 석탄과 다이아몬드는 그 베이스가 탄소덩어리라는 것에 상당한 흥미를 느끼게도 되었고요.

다이아몬드와 연필이 있습니다. 다이아몬드는 누구나 갖고 싶어 하는 돌 중의 돌, 보석입니다. 덩어리 그 자체로써도 상당한 값어치를 하는데 커팅까지 하여 제품으로 만들기라도 한다면 그 값어치는 배가 됩니다. 심지어 다이아몬드는 '변치 않는 사랑'의 표석으로 결혼식 반지로도 쓰일 정도입니다. 여담이지만 제가 아는 동료는 여자친구가 1천만원 상당의 다이아몬드 1캐럿과 ◯◯가방을 사줄 수 있냐는 제안에 눈치 없이 거절을 했다가 헤어졌습니다. 그놈의 1캐럿이 뭔지 말입니다. 이렇게 들떠있는 다이아몬드도 실상 태어나서는 그 빛을 보기 힘듭니다. 워낙 귀중한 나머지 보석함에 들어가 항상 잠만 잡니다. 가끔 행사 참석차 '주인'을 따라 출소하기도 하지만 상당한 관리를 받으면서 세상 구경을 합니다.

연필이 있습니다. 초등학교 때 수업을 마치고 교실 청소를 하다 보면 연필이 한 움큼 나옵니다. 워낙 저렴하다 보니까 '주인'이 찾지도 않습니다. 심지어 볼펜에 몽당연필을 꽂아 사용하는 사람도 100명에 1명 정도 될까 말까입니다. 대부분 연필은 몽당연필이 되기도 전에 가출을 해도 어느 누구도 찾는 이가 드뭅니다. 하지만 연필이 인류에 바친 공로는 어마어마합니다. 노트 필기를 도왔으며, 각종 기술적 도안, 수학문제 풀이 등 연필이 안 쓰인 분야가 없습니다. 심지어 사랑을 쓸 때도 연필로 써야 한다는 노래도 있지 않습니까? 쓰다가 틀리면 지워야 하니까요. "평생 칼집 속에 있을 보검이 되느니 차라리 무라도 자르는 녹슨 칼이 되겠다."라는 말이 있습니다. 아마 연필을 두고 하는 말이 아닐까 생각이 듭니다. 여러분은 다이아몬드와 연필 중 어떤 인생을 원하십니까? 여러분은 보검이 되시겠습니까? 녹슨 칼이 되시겠습니까?

와인이 있습니다. '고가'라 불리는 와인이 있고, '저렴'이라고 불리는 와인이 있습니다. 한때 고가 와인을 사서 모았고, 뜻을 같이 하는 사람들과 와인을 함께했습니다. 고가 와인 모임을 찾아다니며 고가의 매력에 푹 빠져 지냈습니다. 와인 매장 또는 백화점 고가 와인 세일이라도 한다면 만사를 제쳐두고 달려가곤 했습니다. 행사가격으로 구매했어도 역시나 고가 와인입니다. 더욱이 발품 팔아 힘들게 구한 와인인지라 애착도 남달랐습니다. 하지만 지금은 고가 와인이 너무나도 마시기 아까워서 애써 사놓고서 고이 간직하고 있습니다. 이렇게 셀러에 차곡차곡 모셔둔 고가 와인이 점점 쌓이는데 언제 마셔야 할지 저도 고민입니다.

산술적인 관점에서 와인을 접목하여 숫자를 대입하면 고가 와인과 저가 와인 간의 차이가 한눈에 들어옵니다.

"고가 와인 1병 살래요? 저렴한 와인 50병 살래요?"

"당신의 지갑에서 당장 결재해야 한다면 1병이세요? 50병이세요?"

저는 이제 와인 50병입니다. '다이아몬드'나 '보검'이 되기보다는 '연필'이나 '녹슨 칼'이 되고자 합니다. '연필 와인'과 '녹슨 칼 와인'을 저는 지향합니다. 비단 와인의 질과 양을 저울질하는 것이 아닙니다. 친구를 저울질하는 것은 친구가 아니기 때문입니다.

밸런스

텔레비전을 보다 보면 조용하면서도 호소력 있는 멜로디가 채널을 고정시킵니다. 화려한 비주얼은 아니지만 노래를 하면서 기타를 치는 그 모습에 시선을 빼앗기고 맙니다. 단순히 음악이라는 것이 소리의 조합이라 하지만 한 가지도 하기 힘든데 두 가지를 동시에 하는 가수를 보고 있노라면 그의 영혼마저 떨려 보입니다. 텔레비전이 아닌 라디오로만 듣는다면 노래 따로 연주 따로인지, 같이 동시에 하는지 알기 힘듭니다. 설사 알고 있다 하더라도 듣는 데 커다란 의미를 주지는 않습니다. 어디까지나 음악은 소리이니까요. 소리만 좋으면 무사통과입니다. 하지만 영상을 통해 인간의 목소리와 악기소리의 밸런스 속에 서서히 피어나는 가수의 열정이 더할 때 소리가 아닌 소리를 듣게 됩니다.

우리가 마시는 대부분의 와인은 섞여있습니다. 서로 다른 포도 품종일 수도 있고, 생산년도를 달리하는 포도일 수도 있습니다. 심지어 와인 라벨에 쓰여 있는 단일 포도 품종으로 와인을 빚은 줄 알았는데 알고 보니 약간 다른 품종도 섞여있다는 사실을 알게 된다면 당황스러워하실 수도 있습니다. 무슨 이유 때문에 이렇게 섞어댈까요? 와인을 마시는 입장에서 와인을 만드는 과정은 둘째 치고 와인을 상품화하는 병입 과정도 보기 힘듭니다. 와인을 마시면서 와인의 탄생 배경을 보여주는 별도 콘텐츠가 있기도 난무하구요. 그러다 보니 오로지 와인의 맛과 향이라는 단일 채널로만 와인너리와 소통을 하게 됩니다. 대부분의 와인은 라디오 와인입니다. 노래도 하고, 춤도 추고, 심지어 악기까지 연주한다고 하더라도 마시는 사람 입장에서는 감동이 작습니다.

와인 평론가 혹은 소믈리에가 와인을 평가할 때 밸런스 또는 균형감에 대해서 이야기합니다. 그리고 그 여부에 와인의 '훌륭함'을 더하곤 합니다. 하지만 소비자 입장에서는 그 의미를 알기에는 조금 난무합니다. 뭐가 균형인지 감도 안 옵니다. 이 품종 저 품종 잘 섞이면 밸런스가 좋다는 건지, 아니면 다양한 맛이 난다고 해서 균형감이 있다고 하는지 말입니다. 서로의 단점을 보완하고 장점들로 상승효과를 내는 와인이 균형감 있는 와인이라고 하는데 뭐가 장점이고, 단점인지 더더욱 밸런스 와인을 이해함에 있어서 멀어집니다. '훌륭함'은 말할 것도 없고요.

와인을 라디오가 아닌 텔레비전으로 보았을 때 평소에는 안 보였던 일련의 감동의 정도가 밸런스입니다. 그 감동이 크면 클수록 밸런스가 좋다는 표현을 하고, 감동이 상대적으로 적을 때 균형감이 떨어진다는 표현을 쓰는 겁니다. 와인을 만든 사람들은 자신의 와인을 솔로로 데뷔시킬 수도 있지만 본인의 영혼을 더해 여러 품종을 섞어서 출시를 합니다. 우리는 라디오라는 채널을 통해 와인을 바라보니까 모든 것을 보지 못하고 일부만 보게 되는 것이고요. 텔레비전 채널이 있다면 와인의 그 모든 감동을 더 생동감 있게 볼 수 있는데 말입니다.

무슨 이유 때문에 이렇게 섞어대느냐고요? 라디오든 텔레비전이든 어쨌든 만든 이는 그들의 노력과 정성이 당장에 보이지 않고, 그 누가 알아주지 않아도 그래도 영혼은 담아야 하니까요. 그럼 섞는 것이 와인의 영혼을 담는 것이냐고요? '훌륭함'입니다. 작은 차이로도 여럿 와인 옷을 입히는 그 '훌륭함'을 말합니다.

썬팅

한 길 물속 알아도 니 속도 모른다

거리를 달리는 자동차들을 보면 하나같이 썬팅을 안 한 차량이 없습니다. 외국에 가더라도 우리나라처럼 이렇게 유리창이 진하지 않은데 자동차 출고시 유리창을 그대로 지닌 채 운전하는 한국 운전자는 거의 없습니다. 새 차를 뽑아서 썬팅도 안 한 채 그대로 운행하기라도 하면 도리어 주변 사람들이 한소리씩 할 정도로 우리나라에서 썬팅은 블랙박스와 더불어 꼭 차를 사면 해야 하는 필수품으로 되었습니다. 자외선 차단, 즉 살이 타기 때문에 썬팅을 한다는 사람들이 대부분인데 사실 썬팅의 검은 정도는 자외선 차단과 하등의 관계가 없습니다. 단지 채광, 즉 햇빛 중 가시광선 투과율에 지나지 않습니다.

저는 첫 차를 살 때 썬팅지의 역할도 잘 모른 채 서비스 차원에서 의례 제공되는 썬팅을 했다가 말 못할 어려움을 겪었습니다. '표준'으로 썬팅을 했음에도 불구하고 낮에 운전할 때는 모르겠지만 저녁 때만 되면 세상이 온통 시커멓게 보여 운전이 힘든 겁니다. 엎친 데 덮친 격으로 비라도 심하게 오는 날이면 운전하기가 더 힘들어지고요. 참고로 제 시력은 양쪽이 2.0입니다. 그럼에도 악천후 속 제 시력은 검은 썬팅에 가려 무용지물이 되고 맙니다. 그래서 결심했습니다. 기필코 "제 인생 다음 썬팅지는 제 스스로 선택하겠노라!"라고 말입니다. 지금의 자동차는 '표준'보다 한 단계 낮게 썬팅을 해서 상대적으로 좋은 시야를 확보했습니다. 몇몇 동료들은 낮에 주차장에 주차되어 있는 제 차를 보고 워낙 자동차 안이 훤히 보이니까 "뭣 하러 돈 주고 썬팅을 했냐?"라고 핀잔주는 사람들도 있었습니다. 썬팅을 하나 안 하나 별 차이 없어 보이는 제 자동차가 마음에 안 들었나 봅니다.

사람의 피부를 검게 태우는 것은 가시광선이 아닌 자외선입니다. 그래서 저는 자외선 차단 썬팅을 하되 하등의 죄가 없는 가시광선에게는 관대한 썬팅지를 골라서 맞춤형 시공을 한 겁니다. 하지만 썬팅지의 검은 정도에 따라 피부가 타는 것에 직접적 영향을 준다고 믿는 이들이 대다수이기에 저의 선택은 잘못된 선택으로 보여지는 겁니다. 이해는 갑니다. 육안으로는 저의 깊은 뜻은 보여지지 않으니까요. 설명을 한다 하더라도 이들은 분명 '자신들이 믿는 것만'을 믿을 겁니다. 지금은 악천후 속에서도 예전보다는 훨씬 잘 보여 운전하기 정말 수월해졌습니다. 그런데 정말 이해가 안 되는 것은 저보다 눈도 훨씬 나쁘고 선팅도 표준 이상 짙은 사람이 어떻게 악천후 속에서 잘 보이지도 않을 텐데 어떻게 운전을 할까입니다. 카레이서도 아니고 말입니다.

와인을 마시는 사람들은 자동차 썬팅과 마찬가지로 저마다 '표준'이 있습니다. "난 이 정도, 이 가격부터 마셔! 이 이하 와인은 파티용, 행사용야! 알코올 보충용이지!" 등등 말입니다. 비싼 와인을 마시면 마실수록 와인에 대해 많이 아는 것이 아닙니다. 이는 썬팅이 검으면 검을수록 자외선이 잘 차단되는 줄 아는 사람과 같습니다. 와인에 대한 '표준'이 높게 형성되어 있다고 해서 실력 또한 높게 형성되는 것이 아니거든요. 사실 와인에 대한 자신만의 '취향'만 높아진 것뿐입니다. 겉으로 보기에도 비싼 와인을 마시거나 일반적으로 유통되지 않는 와인을 마시는 사람들이 와인을 처음 접하는 이들에게는 우러러 보이긴 합니다. "능력도 되니까 마시지!"라고 생각하면서요.

썬팅의 농도는 가시광선 투과율과 관련이 있지 살이 그을리는 것과는 관계없는 것 아시죠? 보기에는 또는 상식적으로는 서로 관계가 있어 보이지만 사실은 아무런 관계가 없습니다. 와인도 그렇습니다. 비싼 와인을 찾는 분들의 '취향'만 존중해드리면 되지, 그 이상 그 이하도 아닙니다. 고가 와인을 마셔야 와인 실력이 향상되는 것이 아닌 것처럼 말입니다.

다 같이 모여서 와인을 마시는 자리에 간혹 와인 '취향'이 높으신 분들이 오십니다. 준비된 여러 와인들 중에서도 메인 와인만 드신다면서 그 전에 함께 마실 와인들은 살짝 간만 봅니다. 여타 와인들은 자신과 격이 맞지 않는다는 표정을 지으시면서 다른 참여자들과는 남다른 존재로 스스로를 만들어버립니다. 이렇게 와인 '취향'에 짙은 썬팅을 하신 분들은 밝은 '대낮 와인'도 어두운 '밤하늘 와인'으로 보입니다. 고가 와인 모임이 아닌 이상 웬만한 와인 모임은 다 어둡게 보일 겁니다.

제가 저렴한 와인을 구입하면 조리용으로 사냐고 비꼬시는 분들도 계십니다. 이는 약한 썬팅을 하느니 차라리 안 하는 것만 못하다고 말하는 사람들이지요. 그럴 때마다 저는 그냥 속으로 그분의 와인 '취향'을 존중하되 제가 사고 싶은 와인을 그냥 사서 마십니다. 저는 와인이 잘 보이니까요. 고가 와인부터가 와인이라고 와인 취향에 깊이 짙드신 분들은 여전히 '자신이 믿는 것만'을 믿을 겁니다.

예수 얼굴

너무나 아픈 사랑은 사랑이 아니었음을

민감한 주제를 다룰까 합니다. 종교입니다. 저도 그렇게 알아왔고, 지금도 그렇게 알고 있으며, 앞으로도 그렇게 알고 있을 얼굴형에 대해서 말해볼까 합니다. 바로 예수님 얼굴형입니다. 제가 알고 있는 예수님 얼굴형은 전형적인 서양 얼굴형을 기반으로 길면서 옅은 갈색머리, 자연스러운 컬, 높다란 코에, 이목구비가 뚜렷한 잘생긴 용모입니다. 하지만 실제 모습과는 상당한 차이가 있다고 주장하는 전문가도 있습니다. 문헌과 지역 특색 등을 고려하여 그려낸 예수의 상은 검정색 짧은 머리에, 강한 컬, 검게 그을린 피부, 두리뭉실한 용모라 합니다. 또한 과거 백인들은 예수님 용모가 자신들과 용모가 비슷하다는 우월성을 기반으로 다른 나라를 식민지화하는 데 정당화하는 근거로 사용되었다는 설도 있습니다. 하지만 저도 처음 접한 예수님 얼굴형이 서양틱한 것으로 기억해서 그런지 도저히 그을린 얼굴상으로 매칭이 되질 않습니다. 역시 처음 고정관념은 쉽게 바뀌는 것이 아닌가봅니다.

제가 아는 와인은 처음부터 비쌌습니다. 과거도 그랬고, 지금도 그러하며, 특별한 이변이 없는 한 앞으로도 와인은 비쌀 듯합니다. 그래서 와인은 비싼 것이란 고정관념이 생겼나봅니다. 마치 처음 접한 예수님 얼굴에 고정관념이 생겨버린 것처럼 말입니다. 사실 제 경우뿐만 아니라 사회 이곳 저곳에도 와인은 비싸다는 생각이 만연해있습니다. 그러다 보니 다들 비싼 값을 치루고 와인을 구입하게 됩니다. 수입사도, 와인 판매자도 이를 근거로 와인 가격 식민지화를 정당화합니다.

이제부터는 현실적인 우리나라 '와인 얼굴형'에 대해서 이야기해보겠습니다. 예수 얼굴형이 우리가 아는 얼굴형과 다르다고 주장하는 전문가처럼 '서양틱한 와인'이 아닌 '검게 그을린 와인'에 대해서 말입니다.

사실 우리나라만 와인이 비쌉니다. 더 정확히 말하면 우리나라가 제일 비쌉니다. 우연한 기회에 우리나라 와인에 대한 인터넷 기사를 보게 되었는데 와인 가격에 상당히 문제가 많다는 기사와 그 이해를 돕는 그림 삽화였습니다. 와인 수요가 상대적으로 적다 보니까 그간 잘못된 와인 시장이 부각되지 않다가 최근에서야 이슈화된 겁니다. 마치 예수 얼굴형에 대해서 우리가 잘못 알고 있는 것이 아니냐 하는 이슈처럼 말입니다.

와인 가격의 이면에는 바로 '세금'이 있습니다. 와인 가격에 대한 '세금'의 비중이 크다 보니까 실제 산지 와인 가격은 저렴한데 수입되어 유통되는 와인은 비싸게 책정되는 겁니다. 물론 복잡한 와인 유통과정도 한몫했을지는 모르겠지만 그 가격의 뿌리는 '세금'에 있습니다. 이는 예수님의 얼굴형을 역추적한 바 '서양틱'하지 않다는 것과 같습니다. 여태 우리는 와인이 아닌 '세금'을 마신 겁니다. 결국 와인의 검은 얼굴은 '세금'입니다. '검게 그을린 와인'은 알고 보니 '세금 와인'이 그 실체입니다.

보다 근원적 논리로 그려낸 예수님상을 주장한다 할지라도 우리는 쉽게 기존 예수님상을 지울 수 없습니다. 이는 '와인을 마신다'라고 알고 있는데 실상은 '세금을 마신다'라고 인정하는 것과 유사합니다. 시간을 거꾸로 돌려 예수님의 실제 얼굴을 보지 않는 이상 논란의 여지는 계속 있을 겁니다. 하지만 정상 궤도에서 탈선한 우리 와인만큼은 바로 잡을 수 있어 다행입니다.

콩

어렸을 때 잡곡이 그렇게 싫었습니다. 특히 밥에 콩이라도 들어가 있으면 어찌나 싫었던지 아침등교 때부터 콩밥이면 하루 종일 기분이 나쁘곤 했습니다. 흰쌀만 넣고 밥을 해먹으면 몸에 안 좋다 하여 건강 차원에서 쌀 말고 다른 곡물을 조금 넣어서 밥을 짓는다는 큰 뜻이 있다고는 합니다. 하지만 곡물을 넣으면 밥 먹을 때 식감도 상당히 떨어지고, 비릿한 냄새 또한 싫은데 어찌 잘 먹으라는 건지 말입니다. 콩만 끄집어내서 밥만 먹을 때면 그 모습을 보고 어찌나 어머니가 잔소리를 하던지 그 소프라노 소리가 지금도 메아리쳐 들려옵니다. 혹시 저만 그랬던 건 아니죠?

얼마 전 자율배식을 하는 식당에서 밥을 먹을 일이 있었습니다. 밥통에 밥을 보니 각양각색의 콩들이 가득했습니다. 동글동글한 콩부터 대왕 콩, 공룡알 콩, 못생긴 콩 등등 제가 콩밭에 온 느낌이었습니다. 분명 밥통인데 밥통 아닌 콩통이었습니다. 저는 뒤에 기다리는 사람도 있고 해서 노련한 손놀림을 이용해 콩이 가장 많이 뭉쳐 있는 밥통 한 구석을 공략해 수많은 콩을 포획하는 데 성공했습니다. 밥이랑 같이 콩을 먹는데 먹는 내내 즐거웠습니다. 그렇게 부모님한테 혼나면서도 싫었던 콩이 이제는 먹고 싶어 테크닉을 발휘해 먹고자 하는 콩으로 변모했습니다. 역시 세월의 힘은 강했습니다.

대형마트에서 와인을 보러갈 일이 있을 때면 매장 인테리어 역할도 어느 정도 하면서 너저분하게 밖에 전시되어 있는 와인들은 아예 거들떠보지도 않았습니다. 바로 매장 내에 있는 커다란 와인 셀러로 직행을 해야 했거든요. 매장 밖에 있는 와인을 쳐다보는 그 자체가 매장 직원들로 하여금 제 자신의 격을 떨어트리는 행동으로 보일까봐 그랬나봅니다. 그리고 셀러 안에 고이 모셔있는 와인들을 바라볼 때면 제 와인 능력치가 향상되는 것 같아서 기분도 좋았습니다.

지금은 매장 밖에 인테리어처럼 전시되어 있은 와인들을 볼 때면, 본래 매장 안에 가지런히 쌓여있던 와인들과 동참하여 제가 올 줄 미리 알고 함께 마중 나온 것처럼 보입니다. 사실 방치되듯이 엉성할 듯 전시되어 있는 와인들도 매장 직원들이 조심

조심 깨질 것을 염두에 두면서 세팅해놓은 작품이라 할 수 있습니다. 와인병 한 번들 들어보셨는지요? 엄청 무겁습니다. 상대적으로 비싸기도 하거니와 깨진다 하더라도 유리이기 때문에 뒤처리 또한 매우 까다롭습니다. 와인 라벨이라도 옮기다가 상하기라도 하면 상품가치가 떨어지기도 하니 더욱더 세팅하는데 신경이 쓰일 수밖에 없습니다. 비싼 와인이든 저렴한 와인이든 매한가지 유리병에 담긴 같은 조건이었음에도 인간들이 부여한 가격에 연연했던 제가 콩처럼 와인에게도 다가선 겁니다.

세월의 힘은 '콩'뿐만 아니라 '와인'에게도 그대로 전이되었습니다. 과거 '콩 와인'을 꺼려했을 때에는 안 보이던 제 마음속 와인 풍경이 '콩 와인'을 마음속에 담아보았더니 그 식감이 고소하기만 합니다. '흰 쌀'을 고가 와인이라고 한다면, '콩'은 저가 와인이라고 할 수 있습니다. 지금은 이 둘을 더해 '콩밥 와인'을 마시고 있고요. 저만 몰랐을 뿐이지 열 손가락 깨물어 안 아픈 손가락 없었던 것이었습니다. 와인 하나하나가 다 제 손가락이었던 것을요.

배탈

사촌이 땅을 사면 화장실에 싸러 간다

“사람들은 저를 차가운 시선으로 봅니다. 저를 보면 피하려 하고, 엘리베이터에서도 버스에서도 모두들 저를 멀리합니다. 또 부모들은 저와 마주치면 아이들을 뒤로 숨깁니다. 하지만 사람들은 저를 피하는 것이 아닙니다. 제가 피우는 담배를 피하는 겁니다.”

- 〈금연 캠페인〉 차가운 시선편

학교 다닐 때 일입니다. 아침에 우유만 먹는 날이면 자주는 아니지만 꼭 배가 아프곤 했습니다. 그래서 저는 우유가 체질에 잘 안 맞는 줄 알았습니다. 아침에 사과를 먹고 등교할 때가 있습니다. 자주는 아니지만 컨디션에 따라 복통에 시달리곤 했습니다. 그 이후로는 아침에 사과를 잘 안 먹게 되었는데 아주 가끔은 낮에 먹어도 배가 아팠습니다. 해를 거듭할수록 우유와 사과를 먹으면서 새로운 사실을 알게 되었습니다. 제가 우유를 마시고 사과를 먹으면서 다소의 복통에 시달린 것은 두 음식이 제 몸에 안 맞아서가 아니라 다른 커다란 이유 때문이라는 것을 알았습니다. 바로 '온도'입니다. 우유는 빨리 상한다고 해서 거의 대부분 냉장보관을 합니다. 아마도 우유는 태어나서 제조과정을 제외하고서는 전 유통과정을 냉장고 안에서 생활하다가 자기 소명을 다할 겁니다. 우유는 제가 아침에 먹는 그 순간까지도 집 냉장고 속에 있다가 5분도 안 되어 제 뱃속으로 들어온 것입니다. 결국 그 차가운 우유가 복통의 원인이었습니다. 사람이 아닌 '담배', 우유가 아닌 낮은 '온도'였습니다. '담배'를 보고 사람들이 피하듯 저는 낮은 '온도'를 보고 피했어야 했습니다. 저는 우유를 오해했습니다.

사과도 마찬가지입니다. 상하지 않게 보다 신선함을 강조하다 보니까 냉장보관을 선호했고, 아침 일찍부터 차가운 사과가 제 몸에 부대꼈던 겁니다. 역시 차가운 '온도'였습니다. 사과를 제가 오해했습니다.

맥주, 소주, 양주 등등 다 차게 먹습니다. 심지어 양주는 얼음까지 넣어서 먹습니다. 식당에서 가끔 보는 풍경으로 미리 주문한 맥주나 소주가 상온에 오래 있어 손으로 만져봐서 미지근해지거나 하면 시원한 것으로 바꿔달라는 모습을 말입니다. 누구도 부자연스럽다고 하지 않을 정도입니다. 식당 주인도 흔쾌히 다른 시원한 술로 교환해줍니다. 심지어 주문한 술병에 몽글몽글 이슬이 맺힌 모습이 보이면 술이 식었다(?)라고 판단하여, 바꿔달라는 말이 없어도 식당에서는 알아서 바꿔주는 곳도 있습니다.

와인도 술이다 보니까 맥주나 소주처럼 별반 차이를 안 두고 시원하게 드시는 분들이 많이 있습니다. 물론 화이트 와인은 차게 드셔야죠. 하지만 와인을 잘 모르시는 분들에게는 화이트 와인은 상대적으로 도수가 낮아 음료수로 여기는 분들이 대다수라서 레드 와인부터가 술이라 여기는 분이 많기는 하지만 말입니다.

와인을 차게 해서 마시는 것은 전적으로 '모름'에 기인합니다. '실수'도 아닙니다. 지극히 정상적인 패턴에 의거하여 마신 것밖에는 없습니다. 모르는 것이 약이 될 수도 있는 상황을 아는 것이 힘이 되는 상황으로 만드셨으면 합니다. 와인은 상온에서 마셔야 합니다. 한겨울 또는 한여름에는 별도의 컨디션을 고려할 필요가 있겠지만 그렇지 않고서는 와인은 상온에서 드셔야 그 맛과 풍미를 잘 느끼고, 와인과 소통할 수 있습니다. 맥주나 소주와 같이 시원시원한 와인은 차가운 우유나 사과와 같습니다. 차가운 와인을 드시고 시큼털털하고 술 탄 포도음료라 하신다면 이는 와인이 문제가 아니라 '온도'의 문제가 큽니다. 당신이 아닌 담배에 문제가 있고, 우유 때문이 아닌 찬 우유가 원인이었으며, 사과 때문이 아닌 차가운 사과가 발화점이듯이 와인이 잘 느껴지지 않는 이유는 와인이 아닌 시원한 와인에 있습니다.

짝퉁

외국에서는 모르겠지만 우리나라에서 가짜 소주를 판매하다가 적발되었다는 뉴스를 접한 적이 없습니다. 대신 연말연시에 심심치 않게 소주는 아니고 가짜 양주를 팔다가 적발되었다는 소식은 자주 들립니다. 가짜 소주가 없는 이유는 가장 큰 이유가 '가격'입니다. 자고로 가짜가 판치는 것들의 공통점은 진짜가 다들 비싸다는 거거든요. 그러기에 슈퍼에서든 편의점에서든 널리고 널린 소주나 맥주처럼 저렴한 술들은 짝퉁의 바운더리에서 제외될 수밖에 없습니다. 비단 술만이 아닙니다. 속고 안 사려면 저렴한 것을 사면 됩니다. 저렴한 것은 가짜가 없습니다.

비싼 와인을 마시면서 걱정하는 무리들이 있습니다. 비정상적인 유통과정을 통해 구입한 초고가 와인들이 그렇습니다. 유통과정으로 인한 와인 변질은 둘째 치고 "가짜 와인을 마시면 어쩌나?"에 지대한 관심을 쏟게 됩니다. 와인을 개봉하기에 앞서서 와인 라벨이 진짜인지 가짜인지 세심히 보고, 코르크의 상태도 유심히 살펴보지만 양주 정품인증 택도 위조하는 판국에 와인 라벨과 코르크 정도야 속이는 것은 식은 죽 먹기가 아닐까 합니다. 진정한 전문가라면 와인 정품 여부를 판단하겠지만 일반인들은 자주 마시는 와인이 아니다 보니 진품 여부를 판단한다는 것 자체가 불가능한 영역이 아닐까 생각이 듭니다. 그러다 보니 초보가 와인을 마실 때 이 와인이 진품이라는 굳건한 신앙적 믿음을 갖고 마시게 됩니다. 절대 가짜가 아니라는 믿음에 안도를 하면서 말입니다.

정상적 루트를 통해 구입한 와인을 갖고 와서 모임을 통해서 여러 사람이 함께 마시는 경우에는 단 한 가지 문제점만 빼놓고 아무런 문제가 없습니다. 그 한 가지는 '가격'입니다. 하지만 초고가의 와인을 보다 저렴하게 마시고 싶은 욕망이 클수록 가짜 와인의 위험은 커질 수밖에 없습니다. 위험 부담이란 단점이 있지만 '가격' 부담이 적다는 커다란 장점을 떨치기에는 그 유혹이 상당한 것이 사실입니다. 와인을 잘 아는 사람들은 말도 안 되는 저렴한 가격을 제시하는 초고가 와인 모임에는 가지 않습니다. 가짜 와인일 가능성이 있기 때문입니다. 하지만 "이번이 기회다!"라고 생각하는 와인 애호가는 "설마 아닐 거야!"라는 자기 주술에 넘어가고 맙니다. 설사 가짜를 마셨어도 그 사람은 진짜를 마시게 되는 겁니다.

초고가 와인을 나름 저렴하게 구했으니까 상대적으로 저렴하게 모임을 운영하는 사람은 그나마 양심적입니다. 가짜 와인을 일부러 사고자 한 것도 아니고, 어쩌면 자기 자신도 피해자니까요. 하지만 초고가 와인을 확인되지 않은 루트를 통해 저렴하게 구입하고서는 정상적인 루트를 통해 구입한 정품처럼 둔갑해 와인 모임에 갖고 와 제값을 다 받는 비양심적인 경우가 간혹 있습니다. 주최자는 와인 진위 여부 판단이 힘들다는 점을 악용하여 저렴하게 마시고자 하는 회원들의 욕망을 부추겨 와인 장사를 한 겁니다. 비싼 물건에 가짜가 판을 칩니다. 와인을 알고자 하는 마음을 알겠지만 혹시 그 마음이 자신이 만들어낸 욕망이 아닌가를 체크해봐야 합니다. 사랑으로 포장한 집착의 종착역은 스토커이듯, 와인을 알고자 하는 심정은 대견하나 그 종착역은 '와인 스노브'일 수 있습니다.

장수

우리 삶에 있어서 장수는 중요한 이슈입니다. 태어난 순서는 있지만 죽는 순서는 없다고 합니다. 그러다 보니 살면서 개인에게 주어진 환경이나 역량에 따라 장수 혹은 단명의 여부가 갈리게 됩니다. 젊으면 젊어서 그런지 단 한 번도 진지하게 죽음에 대해서 현실로 마주한 적이 없습니다. 그냥 막연하게 "건강하면 오래 살겠지! 나는 평균 정도는 살지 않겠어?" 하는 생각을 다들 가지고 있는 겁니다. 그럼에도 불구하고 우리가 막연하게 상상하는 장수는 그냥 장수도 아니고 '무병장수'입니다. 주변을 둘러봐도 교통사고와 같이 갑작스런 죽음을 제외하더라도 무병으로 죽는 사람은 드뭅니다. 하물며 무병도 드문데 장수까지 거론하여 '무병장수'를 입에 오르내리는 것은 아직 젊고 시간이 많이 남아있는 사람들에게만 어울리는 상상이 아닐까 합니다.

사실 장수가 중요한 것은 아닙니다. 벽에 똥칠하다가 장수하느니 말입니다. 물론 개똥이 굴러도 이승이 좋다는 말이 있긴 하지만 큰 지병이 있어 병상에 오랫동안 누워있는 사람의 소원은 단 하루라도 실컷 뛰어노는 것이라 합니다. 병 걸려 오래 살아봐야 별일 없습니다. '유병장수'는 과학의 발전으로 목숨 줄만 연명하는 겁니다. 사는 게 사는 게 아니면 사는 게 사는 것이 아닙니다. 연명은 연명이지 살아있는 것은 아니게 됩니다. "어떻게 사느냐!"가 곧 장수의 방향이 됩니다.

술을 마심에 있어서 '주량'은 높이 평가되는 한 종목입니다. 거의 사회적 능력치에 가깝습니다. 술자리에서 패잔병이 되지 않기 위해선 자신의 주량이 필수입니다. 그래서 처음에 맥주나 소주를 마시기 전에 상대방은 기본적으로 주량을 물어봅니다. 물론 컨디션에 따라 편차는 있습니다. 마시다 보면 술도 늘기는 하지만 타고난 술장사는 이길 수 없습니다.

와인도 대외적으로 일반 사람들에게 소주나 맥주와 더불어 술로 구별이 됩니다. 그러다 보니까 주량을 묻게 됩니다. 이 과정에서 평소 술이 강한 사람은 와인도 잘 마시게 되고, 평소 약한 사람은 와인도 잘 못 마십니다. 여기까지는 지극히 술이라는 입장에서 공감은 갑니다. 하지만 와인을 많이 마실 수 있는 능력인 '주량'이 와인을 빨리 배우게 하는 지름길은 아닙니다. 또한 와인을 잘 마신다고 해서 와인을 잘 아는 것 또한 아니고요. 막연하게 많이 마시는 와인은 무의미합니다. 대부분 와인의 깊은 맛과 향을 모르는 '유병장수 와인'을 마시면서 '무병장수 와인'을 마신다고 말을 합니다. 즉 알코올로써 와인은 '유병장수'에 지나지 않습니다. 무병장수 와인은 "어떻게 마시냐!"라는 방향이 들어있습니다. "어떻게 사느냐!"가 장수의 방향인 것처럼 말입니다.

그냥 와인을 많이 마셔본다는 것은 사실상 소용없습니다. 점점 취하면서 비싼데 돈만 지불하는 겁니다. 이는 술이 술을 불러 마시는 것이지 와인이 와인을 불러 마시는 것은 아닐 겁니다. 마시면 마실수록 와인 주량은 와인 주량일 뿐이지 와인과 함께하는 시간이 결코 아닙니다. 실상은 와인으로 '연명'하신 겁니다.

교통사고

운전을 하다 보면 보행자와 예기치 않은 심리적 충돌에 당황할 때가 있습니다. 차도와 인도가 구별은 돼 있다고는 하지만 전자 신호등, 표지판, 노면표시 같은 시설을 구비하여 서로서로 교차해서 이용할 수 있도록 구성되어 있습니다.

차량의 신호에서 보행자 신호로 바뀔 때 차는 정지선 앞에서 보행자가 무사히 건널 때까지 기다리고, 보행자는 보행자 신호가 바뀌기 전 안전에 유의하면서 건너야 합니다. 하지만 신호가 바뀌고 보행자가 횡단보도를 건너는 찰나에 사뭇 다른 풍경이 목격될 수 있습니다. 신호가 바뀌었어도 자동차가 오나 안 오나 좌우를 살피고 횡단보도를 건너는 사람들도 있고, 앞사람이 잘 건너니까 그냥 믿고 따르는 사람들도 목격됩니다. 여기까지는 문제가 없습니다. 지극히 정상적이니까요. 문제는 제3의 부류입니다. 앞뒤좌우 안 살피고 무조건 인도에서 차도로 직진하는 보행자입니다. 비록 횡단보도 앞이라 할지라도 운전자 입장에서는 용수철처럼 튕겨져 나오는 보행자로 보일 수 있습니다. 운전자가 신호를 보고 순발력 있게 정지해서 망정이지 실수로 못 보고 그냥 지나쳤으면 교통사고로 이어질 수도 있는 충분한 상황입니다. 이렇게 튀어나오는 보행자는 자신의 정당성에 대해 이야기합니다. "나는 횡단보도에서 잘못 없다고! 난 파란불 켜지는 것 보고 건넜다고!" 말입니다. 맞습니다. 운전자가 신호를 못 보거나 정지선을 지키지 않아서 반칙을 한 것이지 보행자는 교통약속을 아주 잘 지킨 겁니다. 손가락질을 한다면 자동차지 보행자는 아닐 겁니다. 하지만 막상 교통사고가 나고 나면 잘잘못을 떠나 보행자가 가장 큰 피해를 입습니다. 차량이야 피해자를 위한 보험처리를 하면 되고, 차량은 대부분 세차 정도만 하면 될 정도로 경미합니다.

신호등 없는 횡단보도의 경우도 보행자는 차가 오는지 확인을 하고 걸어야 안전합니다. 하지만 여전히 좌우 살피지도 않고 무조건 직진하는 사람들이 있습니다. 여전히 보행자가 우선이라고 하지만 제동거리조차 확보가 안 된 상태에서 보행자가 갑자기 횡단을 하면 교통사고로 이어질 확률이 큽니다. 사실 운전자가 곧 보행자고, 보행자가 곧 운전자입니다. 저도 늘 운전만

하는 것은 아니거든요. 상황에 따라 운전자가 될 수도 있고, 보행자가 될 수도 있습니다. 그러기에 운전을 할 때는 보행자 입장을 생각하고, 보행을 할 때에는 운전자 입장을 생각해야 합니다. 그래야 횡단보도 앞에서도 자동차를 늘 염두에 두고 걷게 되고, 운전을 할 때에는 그 반대의 상황도 염두하는 겁니다.

와인 모임을 하다 보면 "손님이 왕이다."라는 생각을 갖고 오시는 분이 있습니다. "돈 냈으니 서비스를 받아야 하는 것 아냐?"라는 마인드를 탑재하고 말입니다. 미팅을 주제로 한 대규모 모임이나 기업형 파티 모임이 아닌 이상 대부분의 모임은 동호회 성격이 강합니다. 와인을 준비해오는 사람들이 있고, 준비해온 와인을 서로 함께하는 사람으로 구별은 되기는 합니다. 하지만 '이윤추구'라는 상업적 목적성을 주된 이유로 모임을 진행하지는 않습니다. 그러기에 와인을 준비한 사람이나 참여자나 매너는 필수가 돼야 합니다. 모임에 참석한 사람이 늘 남이 준비해온 와인만 마시라는 법은 없습니다. 언젠가는 자신도 와인을 준비해서 참여자들과 함께 마실 때가 옵니다. 그때 안하무인한 회원이 있다고 하면 운영이 얼마나 힘들겠습니까? 이는 운전자가 곧 보행자이고, 보행자가 곧 운전자가 될 수 있다는 것을 간과하신 겁니다.

물론 모임 운영이 서투르거나 주최자가 무대포일 경우도 없지는 않습니다. 그럴 경우 화내실 필요는 없으십니다. 오랜 경험상 시간이 흐르면 흐를수록 알아서 조직(?)에서 필터링이 됩니다. 사실 오래 걸리지도 않습니다. 역지사지의 마음으로 다소 운영이 미흡한 모임이 있을지라도 매너는 필수라 생각이 듭니다. 반대로 갑질 회원도 자동 제거됩니다. 주최자든 회원이든 서로를 존중해주고, 서로의 입장을 생각해줘야 합니다. 혹시라도 어느 한쪽이 무소의 뿔처럼 혼자서 가시다가 정말 혼자가 되시거든 '오늘'을 거울삼아 다른 모임에서는 꼭 백지장이라도 같이 들 수 있는 일원으로 거듭나셨으면 하는 바람도 있습니다. 와인은 많은 인내심을 갖고 여러분께 많은 기회의 장을 열어줄 겁니다.

횡당보도 교통사고 앞에서는 아무리 보행자가 잘해도 교통사고가 났을 때 최대 피해자는 보행자라는 것 잘 아시죠? 와인 모임에 참석하여 와인 교통사고가 난다면 누구의 잘잘못을 떠나 최대 피해자는 '본인 자신'입니다. 그 이유는 와인에 대해 누구보다도 가장 약하기 때문입니다. 신선한 새싹과 같기 때문에 한 번 누군가에 의해 상처를 받거나 그 의지가 꺾기면 좀처럼 와인에 대한 애착을 회복하기가 힘들기 때문입니다. 본인을 만나고 싶어 하는 수많은 와인과 친절한 사람들이 줄을 서서 기다리고 있는데 당신이 다시금 '와인 교통사고'에서 회복되기까지 마냥 기다려야만 하니까요.

계단

같은 색 노선임에도 불구하고 환승을 해야 원하는 목적지로 갈 수 있는 다단계 지하철역이 있습니다. 신도림 2호선이 그러합니다. 전체적인 지하철 노선도를 한눈으로 봤을 때, 2호선 노선 자체가 동글동글해서 뫼비우스 띠처럼 서울 저녁을 순환하는 것으로 보여집니다. 하지만 노선을 보다 자세히 보면 원처럼 생긴 노선에서 길쭉하게 삐죽 빠져나온 색다른 노선이 보입니다. 이 노선은 일정 구간만 반복적으로 다니는 단선입니다. 그래서 단선을 탄 고객은 본선으로 갈아타기 위해서는 반드시 환승을 해야 합니다. 물론 반대의 경우도 마찬가지이고요.

한 번은 아는 후배와 같이 2호선 당산역에 갈 일이 있어 신도림역 2호선에서 같은 2호선으로 환승을 하는데 보다 빠른 지름길이 있어 같이 갈 것을 권했습니다. 그런데 후배가 그 지름길을 따라오면서 한마디 툭 던졌습니다. "계단을 내려갔다 올라가서 환승하나 올라갔다 내려가 환승하나 똑같은 것 아닌가요?" 후배 입장에서는 지름길이라고 해서 선배의 뒤를 열심히 따라왔는데 별반 차이가 없어 보였나 봅니다. 가만히 듣고 보니 후배 말에 틀린 구석이 하나도 없었습니다.

신도림은 탑승객 유동성이 많아 복잡하기로 유명한 곳입니다. 그래서 환승하는 길이 여러 갈래가 존재합니다. 저는 여태 계단으로 내려갔다 올라가는 것이 지름길인 줄 알았는데, 막상 후배 말을 듣고 보니 오십보백보인 겁니다. 하지만 머릿속으로는 위에서 아래나, 아래에서 위나 매한가지 차이가 없음을 알겠는데, 여전히 체감으로 느껴지는 지름길은 '내려갔다 올라가는 것'이 더 빠르게 느껴집니다. 저만 그런가요?

와인 모임을 주최하면서 참석하신 모든 이들에게 와인을 와인글라스에 정성을 다해 따라드립니다. 그 경우 저도 팔이 두 개다 보니까 와인을 먼저 따라드리는 참여자도 있겠지만 어쩔 수 없이 맨 나중에 와인을 따라드리는 참여자도 존재합니다. 이럴 경우 처음에 와인을 받으신 분은 '처음'이라 좋아하시고, 마지막 분은 '끄트머리'라 해서 표정이 좋지 않습니다. 어차피 참석회원의 모든 와인글라스에 와인이 채워져야 뭐든 진행이 되는데 말입니다. 제 입장에서는 신체적·물리적 한계로 인해 처음과 끝이 있을 뿐 와인을 따르는 순서에 따른 참석회원들에게 특별한 사심이 있은 것은 아닙니다. 하지만 참석회원들 입장에서는 그 순서 하나만으로도 기분이 더 좋아지기도, 덜 좋아지기도 하나봅니다. '올라갔다 내려가나, 내려갔다 올라가나'와 마찬가지처럼 보이지만 '내려갔다가 올라가는 것'이 더 가까이 느껴지는 것과 같습니다.

저는 제 모임에 참석하신 모든 분들이 와인을 다 못 마셔 와인을 그냥 버리는 일이 없도록 하기 위해 참석하신 회원들의 와인 취향과 주량을 고려하려 세심하게 따라드립니다. 여기에 회원들 간 오해가 없도록 와인을 따르는 순서까지 고려하다 보니 저도 모임에서 같이 와인을 마시면서도 와인에 취할 겨를이 없는 아이러니한 상황도 접하게 됩니다. "나름 정신 하나만은 꼭 차리고 있으니 치매예방 정도는 될 수 있겠다."라고 중얼거리면서요.

계단을 먼저 오르나 나중에 오르나 매한가지 변하지 않는 것이 하나 있습니다. 바로 제가 가야 할 당산 방향 플랫폼입니다. 와인을 먼저 따르나 나중에 따르나 매한가지 변하지 않는 것이 하나 있습니다. 우리 모두 와인을 함께하고 있는 겁니다.

"아주 작지만 와인의 도수가 높은지 낮은지
살펴보면서 마시는 것도
와인과 대화하는 하나의 발걸음입니다.
사실 와인 라벨 보기 힘들죠?
당장은 깨알 같이 작게 쓰여 있는
숫자 하나 보는 것부터
와인 보기를 시작하지만 하지만 혹시 압니까?
나중에는 큰 글씨도 읽게 되는
그날이 올는지요."

4부

나의 실력 & 나의 경계

첫 번째로 누군가에게 배운다는 것은, 또는 피교육자가 된다는 것은 자신 스스로 그보다 낮다는 것을 인정하는 것입니다. 그러기에 하나라도 더 아는 사람에게 배워야 자신의 자존감을 지킬 수 있습니다. 두 번째는 시간이 아까워질 수 있어서입니다. 막상 참여했는데 허탈한 심정에 자신의 선택에 자책을 할까봐입니다. 세 번째는 돈 낭비입니다. 지불한 대가에 비해 배운 것이 적을 때, 곧 가성비를 따집니다. 네 번째로는 이 세상에는 사기꾼이 많습니다. 자신이 농락당할까봐 조심스러운 겁니다.

바둑

오목판이라고 들어보셨나요? 바둑판은 들어보셨지만 오목판은 저도 생소합니다. 오목을 둘 일이 있으면 다들 바둑판에 두지 오목판에 오목을 두지는 않습니다. 가까이서 보지 않은 이상 멀리서 보면 실제로 오목을 두고 있어도 바둑처럼 보일 수 있습니다. 그만큼 바둑판이나 오목판의 구별이 없고, 바둑을 두는지 오목을 두는지 직접 보지 않는 이상 속단은 할 수 없습니다. 바둑을 두는지 오목을 두는지 상대방에게 물어보지 않고서도 알 수 있는 방법은 본인이 바둑 또는 오목 중에서 하나라도 둘 줄 알면 금방 알 수 있습니다. 상대적으로 바둑이 오목보다 배우기 어려우니 쉬운 오목만 둘 줄 알아도 돌알의 패턴을 보면 금방 바둑을 두는지 오목을 두는지 알아차릴 수 있습니다. 만약 오목을 두는지 바둑을 두는지 물어본 사람이 잘 모르면 게임하는 사람들이 장난스럽게 잘못 알려줘도 그런 줄 알게 되는 우스운 상황도 연출될 수도 있습니다.

와인을 알고자 열망에 불타오르는 회원들이 은근히 많습니다. 그런데 그 열망을 자세히 들여다보면, 금방 와인을 배울 수 있다는 또는 작은 시간을 투자해서도 집중만 하면 금방 알 수 있다는 시간개념이 내포된 열정입니다. 그래서 대부분은 쇠처럼 뜨거웠다 소리 없이 식어버립니다. 의외로 와인을 쉽게 배울 줄 알았는데 의외로 많은 시간이 걸리다 보니까 금방 풀이 죽는 겁니다. 시간이 많이 걸리는 이유는 너무나 한꺼번에 와인에 접근을 해서입니다. 바둑을 두는지 오목을 두는지를 아는 방법은 둘 중에서 하나만 알면 나머지를 알 수 있습니다. 이처럼 와인도 자기가 좋아하는 파트 또는 흥미 있어 하는 와인을 먼저 알아가면 그 과정 속에서 다른 와인의 이면을 자동적으로 알게 되는 겁니다.

어렵게 바둑이나 오목을 둘 다 알려하지 마십시오. 힘들게 모든 와인을 알고자 달려들지 마십시오. 하나를 알면 둘이 보입니다. 둘 다 알려고 하지 않으셔도 됩니다. 사실 와인은 몸에 배야 하지 금방 머리로 알게 된 와인은 결정적인 순간 머릿속에서 떠나갑니다. 하지만 하나를 보여주면 두 개를 보여주는 것이 와인의 속성입니다. 당장에는 바둑이나 오목이 서툴지라도 게임룰만 알아도 대화가 되듯 와인을 다 알 필요 없이 와인룰만이라도 알아도 기존 와인을 마시던 사람들과 충분히 대화는 되는 겁니다. 바둑이든 오목이든 게임을 잘하고 못하고는 우선 나중에 생각하세요. 와인을 잘 알거나 모르고는 나중에 생각하세요. 우선 하나씩 하나씩 알아가시면 됩니다.

횡단보도

저만의 세월의 습작, 뱃살을 빼는 것보다는 관리를 하기 위해 차를 잠시 세워주고 걷곤 했습니다. 목적지를 향해 걸어가는데 늘 직진만을 하는 것은 아닙니다. 또한 꼭 인도만 통해 걷는 것도 아닙니다. 60초도 안 되는 짧은 시간이지만 횡단보도를 이용해 차도를 가로질러 걸어갈 때도 있습니다. 막상 자동차에 내려 보행자 입장에서 횡단보도 앞 신호를 기다리며 느끼는 점은 인간은 상황에 따라 참 '간사하다'입니다. 자동차를 운전하는 운전자일 때는 그렇게 보행자 신호 때문에 차가 멈추는 것이 싫더니만 막상 보행자 입장에서는 왜 이렇게도 보행자 신호를 기다리는 시간이 긴지 말입니다.

우선 '간사함'을 뒤로 하고 횡단보도 앞에서 오랜 기다림 없이 차도를 횡단할 수 있는 저만의 잔머리를 소개할까 합니다. 사실 제가 목적지까지 가는 데 길 하나만 건너면 됩니다. 가는 길목에는 횡단보도가 4개가 있고요. 살살 걸어가면 4개 중 한 개는 타이밍이 맞아 횡단하겠지요? 여기까지는 일반적인 타이밍입니다. 저는 여기서 색다른 타이밍을 만들어냅니다. 쭉 걸어가다 보면 사람들이 차도 앞 횡단보도에 많이 서있는 경우가 있습니다. 이는 지금 당장은 아니지만 곧 보행자 신호가 다가온다는 소리입니다. 꼭 제가 걸어가는 쪽이 아니어도 됩니다. 길 건너에 사람들이 많이 서있어도 마찬가지입니다. 얼른 걷기를 멈추고 횡단보도 대열에 합류하면 곧 이어 도로가 홍해처럼 갈라집니다. 반대로 사람들이 도로 양쪽에 하나도 없으면 보행자 신호는 함흥에 가버린 차사입니다. 미련을 뒤로 한 채 직진, 다음 차례 횡단보도를 맞이하러 갑니다.

와인의 길에 들어선 많은 사람들이 있습니다. 그들이 간단한 길 하나를 건너 와인에게 좀 더 다가서고자 할 때 어떤 와인을 먼저 접해야 하나, 마셔야 하나 저에게 묻곤 합니다. 그러면 저는 사람들이 많이 마셔본 와인이나 당신이 익히 들어서 알게 된 와인을 먼저 선택하라고 합니다. 이는 횡단보도에 사람들이 몰려있어 얼른 대열에 합류하는 것과 같습니다.

좋은 와인을 접하기 위해 기다릴 필요는 없습니다. 이는 횡단보도 신호를 오래 기다리는 것과 같습니다. 기존 와인 애호가들이 많이 마셔본 와인들을 먼저 접해야 서로 와인을 마실 기회가 있을 때 주변 회원들과 대화가 되고, 그 모임에서 소통될 수 있게 됩니다. 또한 다른 와인 애호가들에게까지도 능동적 공감대를 얻기 위한 첫걸음이 될 수도 있고요.

자동차를 타고 간다면 목적지까지 빨리는 갈 수 있습니다. 하지만 저는 걷기를 선택하였습니다. 와인을 직업으로 생각하신다면 자동차를 타고 가시면 됩니다. 와인을 취미로 생각하신다면 걸어가시면 됩니다. 목적지는 같은데 도착시간만 다를 뿐입니다. 목적지가 걸어서 갈 정도로 가까운 거리가 아니라면, 꼭 목적지 도착이 목표라면 자동차를 권해드리고 싶습니다.

기왕 걷기로 했으면 빨리 갈 생각 없이 걸어가시면 됩니다. 신호등불이 켜졌다 하여 뛰지 마세요. 기왕 와인을 직업으로 생각하지 않고 취미로 생각하신다면, 빨리 배울 생각 없이 와인과 함께하시면 됩니다. 더 빨리 배우고자 또는 더 나은 기회를 잡고자 앞서 나가거나 굳이 멈춰 서지 않아도 됩니다.

등산을 하면 꼭 정상탈환을 해야 등산이라는 사람들이 있습니다. 전문 산악인도 아닌데 산악인처럼 등산을 하시는 분들 중에서는 정상에서 산 아래를 내려다봐야 만족하는 분들이 계십니다. 이에 반해 운동이다 생각하고 가볍게 산을 오르락내리락하면서 산책 나온 사람들도 있습니다. 이들에게 산은 정복의 대상이 아닌 힐링의 대상인 겁니다.

많은 분들이 '와인 정상탈환'을 하고자 합니다. 취미로 시작해서 직업으로의 전향입니다. 오를 때 호산이지만 내려올 때 악산이 될 수 있다는 것처럼 와인 취미란 좋은 친구를 와인 직업이란 직장 동료로 만들 필요까지 있을까 싶습니다. 기왕 와인을 마시면서 힐링을 하기로 했으면 와인과 친구가 되세요. 기왕 운동 삼아 걷는 것처럼 말입니다.

갑 & 을

홍부가 기가 막혀 놀부도 기가 막혀

대규모 와인 행사나 파티처럼 참석자 반, 와인 반인 곳이 아닌 조촐하게 모여서 와인을 마시는 자리가 있습니다. 아마도 주최자를 포함해 6명 내외일 겁니다. 와인 모임을 주최하기 전에 함께 마실 와인을 미리 인터넷이나 문자로 공개를 하곤 하는데 누가 생각하더라도 모임 참가비가 가격 대비 너무나 저렴할 경우가 있습니다. 가령 해외출장을 통해 와인을 구입했거나 아는 지인들로부터 와인을 선물받았을 때 보통 도네이션 차원에서 모임에 와인을 갖고 나오는 겁니다. 회원들 반응은 뜨거워지고 와인 모임 형성은 금방 이루어집니다. 이미 신청자가 많아 일찍 마감이 되었음에도 모임에 참석하고 싶다면서 대기자도 줄을 지어 연락이 오기만을 기다립니다. 여기까지는 상당이 와인 모임의 순기능이라고 할 수 있습니다. 나름 와인을 즐기는 사람과 함께 고가 와인을 함께 나누며 담소를 나누는 게 얼마나 보기 좋습니까? 하지만 악용될 경우에는 일부 회원들이 기가 차서 돌아가게 만드는 경우도 있습니다. 이름하여 '와인 갑질'입니다.

모임 참가자들 중에는 초보자도 있습니다. 나름 운 좋게 기회가 되어 저렴한 비용으로 와인 모임에 참석했는데 사실 초보자 입장에서는 비싼 와인을 마실 수 있는 절호의 기회라 할 수 있겠지만, 한편으로는 맥주나 소주에 비교할 때 비싼 참여비용을 지불하고 모임에 참석한 겁니다. 보통의 좋은 모임에서는 초보니 고수니 따지지 않고 함께하는 그 자체가 즐거운 것이 되겠지만 갑질하는 모임에서는 초보자가 모임에서 자신을 상당히 낮추고 황송하다는 느낌을 안 준 채 꿋꿋이 있으면 싱거운 사람 취급을 합니다. "똥인지 된장인지도 모르는 놈이 와서 다른 회원들의 기회를 박탈했다." 이 정도의 느낌입니다. 저렴한 가격에 이 정도 와인을 먹게 되었으니 처신에 맡게 행동하라는 무언의 압력인 겁니다.

비슷한 예로 자동차가 있습니다. 여자들은 차에 약합니다. 운전을 못해서가 아니라 자동차 메이커를 잘 구별하지 못하는 것에 약합니다. 남자들은 앞뒤 모양만 살짝 봐도 차종 등을 쉽게 알 수 있습니다. 하지만 여자들은 말해주기까지는 자신이 무슨 차를 타고 다니는지 잘 모르고, 심지어 아주 대중적인 차량이 아닌 이상 자동차 메이커를 말해줘도 모를 경우도 있습니다. 현실적인 이야기로 외제차를 몰고 와서 여성분을 태웠을 때 은근히 차에 대한 칭찬을 듣고 싶어 합니다. 그런데 잘 아는 여성분도 있겠지만 대부분 잘 모릅니다. 그때 남자는 빈정 상하게 됩니다.

다른 경우로는 남자는 여자 가방에 대해서 잘 모릅니다. 그래서 들고 다니면 가죽가방으로 보이지 특별한 의미부여를 하지 않습니다. 여자 입장에서는 나름 큰맘 먹고 비싼 가방을 갖고 나왔는데 남자가 못 알아차리면 살짝 빈정 상합니다. 만남을 위해 자신이 신경 쓴 만큼 알아줬으면 하는 심리가 작용하기 때문입니다.

와인 모임에서 초보자의 행동들이 주최자 입장에서는 다소 빈정 상해보이는 경우가 있습니다. 그럴 경우 개구리 올챙이 시절 생각하듯이 이해하고 함께 마시면서 다음을 기약하는 좋은 자리를 만들 수 있음에도 불구하고 '핀잔'을 줍니다. 그 사정을 잘 모르는 초보자 입장에서는 이러한 행동들이 갑질로 재해석되는 겁니다. "지가 와인에 대해 알면 얼마나 안다고!"라고 혼잣말을 하면서 말입니다.

가격 대비 지나치게 저렴한 와인 모임을 하는 경우 반드시 모임 주최자를 살펴보아야 합니다. 자칫하면 와심(와인을 생각하는 마음)을 해치기 십상입니다. 와인이 싫어서가 아니라 사람이 싫어서 못 가거나, 더 안 좋은 경우는 아예 안 가게 만듭니다. 와인 모임은 경력직 사원을 뽑는 회사가 아닙니다. 모임의 질적 향상을 빙자하여 신입회원을 관리하는 것은 '갑질'입니다. 그들만의 레이스를 위한 회원 물관리는 와인을 물로 보는 겁니다.

샴푸액

왼손으로 비비고 오른손으로 비비고

여름철 땀이 많이 나는 계절에는 시원한 샤워처럼 절실한 것이 없습니다. 특히 떡진 머리를 감을 때면 더더욱 머리가 시원시원합니다. 머리를 감을 때 보면 그날 하루 컨디션에 따라 머리가 잘 감길 때가 있고, 어떨 땐 머리가 잘 감기질 않아 다시 일정량 샴푸를 펌핑하여 머리를 더 감을 때가 있습니다. 이럴 때보다 수월하게 머리를 감고 샴푸를 절약할 수 있는 노하우가 있습니다. 스스로 생각했을 때 심하게 머리가 떡이 져서 머리에 기름이 좔좔 흐른다 생각이 되면 우선 평소 샴푸를 쓰던 양 중에서 1/3 가량만 펌핑합니다. 그런 다음 떡진 머리를 1차 세척합니다. 당연히 샴푸양도 상당히 적고 머리가 많이 오염되어 있기에 잘 감기기를 기대하는 것은 어렵습니다. 어느 정도 골고루 머리를 감았다 생각이 들면 그냥 미련 없이 물로 씻어 내리세요. 그 다음 나머지 2/3 가량 샴푸를 펌핑해서 2차로 머리를 감으면 거품도 훨씬 많이 나면서 시원시원하게 감깁니다. 두 번 나눠서 한다는 번거로움이 있긴 합니다.

그 노하우를 몰랐을 때와 비교하면 기름 좔좔 머리를 평소처럼 감다가 거품이 잘 나지 않아 재펌핑해서 머리를 감곤 했습니다. 이때도 생각만큼 기분 좋게 거품이 나질 않아 손으로 머리를 팍팍거리며 감습니다. 시원시원 감기질 않아 씻음에도 씻는 상쾌함이 덜해지고, 힘주어 머릴 감다보니까 모근 모발에 무리도 갑니다. 샴푸액을 많이 뿌려서 금방 머리가 감길 듯하지만 머리가 감기는 시간은 생각보다 오래 걸립니다. 둘의 경우를 비교해봐도 두 번 나눠서 머리를 감으나 샴푸 더 듬뿍 발라 머리를 감으나 감는 시간은 비슷합니다. 차이점이 있다면 감을 때 '상쾌도'와 감은 후 '만족도' 차이 정도입니다.

늘상 와인을 마실 때 풍경을 보면 바로 개봉해서 바로 마시는 분들이 대부분입니다. 그리고 참석인원에 따라 따르는 와인 양이 다소 달라질 수는 있겠지만, 충분히 담길 정도로 공평히 따른 다음 한 병을 다 소진하거나 약간을 남깁니다. 하지만 저는 한 가지를 제안하고 싶습니다. 와인을 따르는 사람이 약간 수고스럽다 할지라도 처음에는 작게 따르고, 그 나머지는 나중에 천천히 따랐으면 합니다. 이러한 것은 처음 머리를 감을 때 샴푸의 양과 바로 다음에 머리를 감을 때 샴푸의 양을 달리하는 것과 같습니다.

와인은 시시각각 그 맛과 향이 틀려집니다. 와인글라스 안에서도 그 맛과 향이 틀려지기는 하지만 와인을 따르는 과정에서 디켄딩(브리링)되는 것 또한 간과할 수 없고, 견물생심이라는 말이 있듯이 눈앞에 와인이 보이면 다 마시게 되는 게 인지상정인데 와인을 기다려가며 마시기를 기대하는 것은 무리일 것입니다. 개봉을 하자마자 와인의 모습은 떡진 머리와 같습니다. 그래서 그 스스로 스트레칭을 할 수 있는 시간을 충분히 주어야 합니다. 그런 의미에서 와인을 전부 따르지 않고 약간의 시간적 인터벌을 준다면 남은 와인 입장에서는 시간을 버는 겁니다. 이는 우리가 머리를 감을 때 약간의 양(1/3)으로 샴푸하는 것과 같습니다. 처음에 약간 따른 와인을 다 드셨나요? 자, 이제 기지개를 어느 정도 핀 나머지 와인을 따라드시면 됩니다. 이는 나머지 샴푸(2/3)로 머리를 감는 것과 같습니다.

와인을 한꺼번에 마시는 것보다 나눠서 마시는 것이 같은 와인을 마시더라도 그 와인에게 한 발짝 더 앞서 나가는 방법이라 생각합니다. 음식도 천천히 꼭꼭 싶어 먹으라고 하는데 하물며 술이야 어떻겠습니까? 천천히 와인과 음미한다 생각하시고 떡진 머리를 감는 방법처럼 하시면 됩니다. 와인과 소통을 하고자 노력하는 주체는 사실 와인이 아닌 와인을 마시는 우리입니다.

돈 주고 와인을 샀다고 와인 보고 충성하라 할 수도 없는 것이고요. 사실 떡진 와인을 이기려 하는 것은 무의미합니다. 우리가 살살 달래면서 이야기를 끌어가야 하는 겁니다. 그렇게 어렵지 않습니다.

머리 감을 때 샴푸 거품이 적다고 많다고, 그래서 싸구려라고 고급이라고 말하지 마시고 우선 샴푸를 적당히 나누어 사용해 보세요. 그리고 와인을 마실 때 와인이 맛있다고 맛없다고, 그래서 좋다고 별로라고 말하지 마시고 우선 와인을 나눠서 드셔 보세요. 사실 와인을 빨리 마실수록 더 많은 와인을 마실 여력이 생기게 됩니다. 그러다 보면 더 마시게 된 만큼 어느 한순간에 확 취하게 됩니다. 많은 양의 샴푸를 쓰지 않고서도 충분히 상쾌함과 만족도를 느낄 수 있는 것처럼 와인을 부어라 마셔라 하지 않고 적당량만 마셔도 충분히 와인과 소통할 수 있습니다. 떡진 머리도 나눠서! 떡진 와인도 나눠서입니다!

바나나

"상전벽해! 뽕나무 밭이 바다가 되다!"

바나나라는 과일이 있습니다. 우리나라에서도 재배가 된다고는 하지만 이는 어디까지나 상직적인 의미이고, 대부분 외국에서 수입해오는 과일이라 해야 맞습니다. 바나나라는 과일에 대한 체감온도는 대형마트를 가든 동네 과일가게를 가든 1년 365일 늘 판매되는 사시사철 과일로 그려지고 있습니다. 환율에 따라 바나나 가격의 변동이 있을 수는 있겠지만 가격 대비 과일의 양과 크기를 보더라도 저렴하게 먹을 수 있는 과일임에는 틀림이 없습니다. 바나나가 상대적으로 잘 먹지도 않는 채소과일 토마토보다 더욱더 저렴하니 더 이상 할 말이 없을 정도입니다.

하지만 과거에는 이 흔하고 흔한 바나나가 우리나라에서 가장 비싼 과일이었다고 합니다. 우스갯소리로 병문안 갈 때 바나나 한 송이를 사가면 있던 병도 다 나아 퇴원한다는 전설도 있었고, 생김새가 거시기하다는 이유로 남성들 사이에서는 고급 영양제(?)로 활용되었다는 이야기도 있습니다. 지금 들으면 웃을 일이지만 비싼 바나나에 얽힌 개인적·사회적 이슈는 사실 대단했습니다. 어찌나 바나나가 먹고 싶었으면 바나나는 금방 시들기 때문에 서민들은 그때를 기다렸다가 가격이 싸졌을 때 저렴하게 구입을 하곤 했답니다. 사실 부잣집 아들만 먹었다는 바나나를 서민도 먹을 수 있는 타이밍을 노린 듯합니다.

저는 지금의 와인이 바나나의 과거였으면 하는 바람으로 글을 쓰고 있습니다. 시간이 흘러 바나나처럼 싸지겠지 하면서 말입니다. 사실 바나나랑 와인은 닮은 점이 많습니다. 대부분 수입이고 와인도 개봉했을 시 빨리 마셔야 하듯 바나나도 다른 과일에 비해 사자마자 빨리 먹어야 하는 점에서도 동일합니다. 와인은 점점 마시면서 그 맛과 향이 달라지는 것처럼 바나나도 바로 산 싱싱한 것을 먹기보다는 검은 반점이 어느 정도 필 때 먹어야 맛이 있습니다. 물론 한 송이를 샀다면 시간이 흐르면 흐를수록 맛이 변하는 바나나를 느낄 수도 있고요.

와인은 상온에서 마셔야 하듯 바나나도 뜨거운 태양을 머금고 태어난 탓에 상온에 두고 먹어야지 차게 먹기 위해 냉장고에 넣기라도 하면 바나나가 검게 변해 음식물 쓰레기로 분리수거하여야 합니다. 물론 화이트 와인은 차게 먹긴 하지만 바나나로 아이스크림을 만들어 먹을 수 있다고 한다면 서로 비슷한 부분은 더 많다고 할 수는 있습니다.

바나나가 지금은 저렴하지만 과거에 비쌌던 이유는 수요는 많은데 수입제한에 걸려 공급이 '통제'되어 가격이 높아진 겁니다. 외화를 줄이기 위한 극단의 방법이라고는 하지만 그 '통제'란 줄다리기 속에서 바나나의 가격은 바나나의 색깔처럼 황금이 되었습니다. 물론 세금도 한몫해서 시너지 효과가 더해지기는 했지만요. 와인은 세금이라는 '통제' 때문에 가격이 전 세계에서 가장 비싸게 우리나라에서 판매되고 있습니다. 와인을 마시면서도 제가 와인을 마시는지 세금을 마시는지 모를 정도입니다. 옆 나라 일본에 비교해도 터무니없는 가격에 놀랄 따름입니다. 술 소비량만큼은 우리나라도 선진국이라는데 자국의 술문화를 보호하기 위함인지, 아니면 지나치게 사치를 하지 말라는 의미에서인지 엄청난 세금에 두 손 두 발 다 들었습니다. 물론 복잡한 와인 유통구조가 한몫 더하여 시너지 효과가 발생했지만요.

지금의 바나나는 만인의 과일이 되어 자판기에서도 판매될 정도로 저렴해졌습니다. 시간이 흘러 와인도 바나나처럼 자판기에서도 판매될 정도로 누구나 즐겨 마셨으면 하는 바람이 있습니다. 단단했던 바나나 가격이 지금은 소프트하듯 지금은 차갑기만 한 와인이 언젠가는 봄바람처럼 피어올랐으면 합니다.

사인펜 뚜껑

사무실 기다란 책상 위에 검은색 사인펜이 뚜껑 없이 굴러다니고 있습니다. 오전부터 봤는데 점심 먹고 왔더니 아직도 그대로입니다. 검정색 수성 사인펜인데 끝이 뾰족한 놈입니다. 쓰면 쓸수록 뭉툭해지는 사인펜인데 잘 아시죠? 가까이서 보니 날이 서있는 게 아직 쓸 만해 보였습니다. 하지만 뚜껑이 없으니 계속 그 자리에서 하루만 지나면 펜은 말라서 못 쓰게 될 겁니다. 저는 그 사인펜 한 번 살려서 재사용해보겠다고 주변을 쓱 스캔해봤는데 뚜껑은 없었습니다. 사실 그 사인펜 뚜껑은 둥글둥글해서 굴러가기기 쉽고, 그래서 그런지 다들 잘 잃어버립니다. 저도 유경험자로써 뚜껑이나 사인펜이나 둥글둥글해서 어느 하나 잃어버리면 찾기 힘들더라고요.

뚜껑 없이 관리가 안 되는 물건은 곧 쓰레기입니다. 그래서 옆에 있는 쓰레기통에 뚜껑이 없다는 이유로 펜을 버려버렸습니다. 그런데 펜 뚜껑이 저랑 어떤 인연이 있었는지는 모르지만 반나절이 지나서야 책상과 동떨어진 저 멀리 바닥에서 우연치 않게 발견이 되었습니다. 추측컨대 바닥에 떨어진 뚜껑이 누군가의 발에 차여서 굴러간 듯합니다. 제 눈 시력이 좋은 관계로 하루가 지나기 전에 뚜껑을 발견을 하였고, 작은 쓰레기통에 버려진 나머지 부분을 꺼내 뚜껑과 몸통을 합체시킨 뒤 제가 쓰기 시작했습니다. 이제부터 제가 주인입니다. 뚜껑이 별거 아닌 것 같지만 사실 그것 아니면 안 되는 이유를 여러분도 공감하시죠? 비싼 것이면 모를까 펜이 싸다 보니 조금만 수가 틀어지면 버려지기 일쑤입니다.

와인 모임에 참석하다 보면 와인이라는 같은 취미를 갖고 있는 회원들도 많이 알게 되고, 상대적으로 혼자 마시는 것보다 다양한 와인을 만나고 맛보게 됩니다. 미리 마실 와인을 공지하기에 자신이 마시고 싶어 하는 와인을 골라서 먹는 장점도 있고, 와인을 잘 모르시는 회원 같으면 여러 와인을 접하면서 자신만의 와인을 찾게 되는 경우도 있습니다. 모임에서 준비한 와인이 의외로 많다 하더라도 한 가지 명확한 것은 와인을 하나도 남기지 않고 다 마시는 경우도 있지만 뜻하지 않게 다 못 마시고 병째 남겨지는 와인이 간혹 있다는 겁니다. 이럴 경우 남겨지는 와인과 더 마셔야 할 와인으로 구별이 됩니다. 나름 비싸다고 여겨지는 와인은 약간 오버가 되는 범위 내에서 원하시는 참석회원들에게 더 따라드리고 거의 완판시킵니다. 하지만 저가 와인이고, 인원 비례 챙겨온 알코올 보충용으로 채워진 와인들은 남겨지더라도 더 마시겠다는 회원이 없는 이상 매장 또는 레스토랑에 두고 갑니다. 앞 글의 사인펜처럼 비싸지도 않은 필기구에 하자가 있는 펜은 버려지듯이 비싼 와인은 어쨌든 소비가 되고, 저렴한 것은 버려지는 것과 같은 이치입니다.

남은 와인을 치킨처럼 매장에서 포장해줄 것도 아니고, 와인병째 남은 와인을 담고 가야 하니 회원 누군가 가져가기보다는 레스토랑에 두고 가기 일쑤입니다. 이는 뚜껑 없는 사인펜이어서 쉽게 버려진 몸통 사인펜과 같습니다. 설사 와인을 챙겨간다 하더라도 금방 맛이 변하여 요리용처럼 다른 용도로 쓰이면 몰라도 마시는 용은 아닙니다. 이는 뚜껑 없는 몸통 사인펜이 당장에는 쓰이겠지만 다음날 되면 메말라 더 이상 펜의 역할을 못하는 것과 같습니다.

저는 사인펜 뚜껑을 운 좋게 찾아서 다시 부활시켰습니다. 와인도 마시다 남으면 어쨌든 다시 마실 수 있도록 부활시키고 싶지만 아쉽게도 와인은 사인펜보다 더 많은 세심함을 요하는 관심종자입니다. 사인펜과 와인이 서로 비슷한 점도 있지만 딱 마지막 장면만 해피엔딩이 될 수 없더라고요. 집 나간 사인펜은 부활이 되었지만 와인은 부활이 힘듭니다. 우리가 두고 간 와인이 레스토랑에서 어떻게 쓰일지는 모르겠지만 대부분 싱크대로 버려질 것입니다. 펜이나 와인이나 제일 좋은 방법은 뚜껑이든 몸통이든 잃어버리지 않게 잘 아껴 쓰는 것이고, 와인은 회원들 특성과 주량을 고려하여 알맞게 와인을 준비해오는 것입니다. 처음 시작이 좋으면 마지막은 자동적으로 좋게 따라오기 마련입니다.

반사이익

대포폰이 있습니다. 정상적인 방법이 아닌 편법적인 방법으로 폰이 개통되고, 다른 안 좋은 일에 악용이 되곤 합니다. 또한 대포차도 정상적인 루트이기보다는 다른 목적으로 사용이 되고, 은밀하게 거래가 됩니다. 이 모두 우리 사회에 병적인 활동입니다. 그럼에도 불구하고 원치 않은 반사이익은 꼭 존재합니다. 대포폰이라도 핸드폰은 구입해야 하고, 통신요금도 내야 합니다. 대포차라고 해서 기름 없이는 달릴 수 없고, 엔진오일이나 타이어 펑크와 같이 기본적 관리비는 지불해야 합니다. 어쨌든 핸드폰 제조업체, 통신사, 주유소, 카센터 등은 수입을 얻습니다. 지하경제 활동이 기반이 되어 반사이익이 발생됩니다.

담배나 술의 경우는 더 애매한 경우도 있습니다. 성인의 경우에는 소비를 함에 있어서 문제의 소지가 적지만 청소년의 경우는 문제가 큽니다. 판매자만 처벌을 하고 청소년은 사회적 배려를 통해 법적으로 선처된다는 점을 악용하여 청소년들은 술이나 담배를 소비하고, 그로 인한 판매량 또한 만만치 않을 지경입니다. 소비라는 부분만 생각하면 곧 매출로 이어지기에 불법임에도 불구하고 반사이익을 얻습니다. 아이러니한 것은 언젠가는 성인이 될 청소년 자체가 예비 소비자이기 때문에 술이나 담배 매출에 지대한 영향력을 배제 못한다는 것입니다. 어쨌든 판매자 입장에서는 매출에 상당 부분을 기여하기에 지그시 눈을 감아버립니다. 술이나 담배 자체에는 눈이 없다 보니까요.

와인 모임도 주최를 누가 하느냐 또는 어디서 하느냐에 따라 참석인원과 규모가 정해지곤 합니다. 기존부터 쭉 모임을 해왔던 곳은 크게 홍보를 하지 않아도 올 사람은 다 오는 구조를 자체적으로 갖고 있고, 다소 최근에 생기거나 인프라가 약한 곳은 자신의 환경에 맞게 천천히 모임을 성장시키는 곳도 있고, 보다 공격적인 홍보인 회원모집을 통하여 모임을 이뤄내는 곳이 있습니다. 기존 보수적인 모임들이 특별한 영향력을 지나치게 행사하여 다른 여타 모임에 피해를 주는 것도 아니고, 최근에 생긴 모임들도 "누구나 처음은 있다."라는 슬로건으로 진행이 미흡하고 회원들 간의 소통이 원활하지 않더라도 열심히 성장시키려는 모습도 충분히 보입니다. 그런데 이와 달리 선정적인 문구 등을 사용하여 회원들을 모집하고 와인 모임을 갖고자 꽤하는 곳이 있습니다. 모든 와인 모임이 상업성을 갖고 이익을 내고자 하지 않는 곳도 많은데 유난히 공격적 마케팅을 통한 와인 모임은 이윤추구적인 면모를 물신 풍깁니다. 가령 '스튜어디스 ◯◯명 참석, 무용학과 ◯◯명, 대기업 출신 대거 참석' 등등 만남을 위주로 미팅을 주선하여 모임을 진행합니다. 이들에게 있어서 와인은 미팅 혹은 만남의 도구일 뿐이라서 단순히 맥주나 소주에서 와인으로 대체된 것밖에 안 됩니다. 어쨌든 와인을 마신다는 관점에서 본다면 와인 모임입니다. 하지만 이익을 창출하는 '대포 와인'의 탄생이 되는 겁니다. 이는 이익을 창출한다는 점에서 대포폰 또는 대포차의 탄생배경과 같이 한다고 할 수 있습니다.

물론 일반 와인 모임 또한 남녀의 만남이 배제된다고는 할 수 없지만 이렇게 와인 취미활동과 미팅이 주객이 전도되어 이루어지지는 않습니다. 방법이야 어쨌든 와인은 소비되고, 누군가는 이득을 보며, 와인 문화로 발전하는 중간 단계라 말하는 이들이 있습니다. 하지만 제 눈에는 청소년에게 술이나 담배를 팔면서도 미래의 예비 소비자라고 주장하는 말로 들립니다. 당장 남녀들이 한 자리에 옹기종기 모여서 담소를 나누며 마시는 모습들이 표면적으로는 와인 문화의 일면, 혹은 새로운 문화 흐름처럼 보여질 수 있습니다. 하지만 이는 와인 문화와 하등의 관련이 없습니다. 단순히 술 문화의 다른 일면일 뿐이지 어떤 다른 수식어를 붙이기에는 무리가 있습니다. 그냥 '술 문화의 주종 변화' 정도가 그나마 큰 찬사입니다.

중이 잿밥에 관심이 있어서 갈 수는 있습니다. 와인 모임의 순수성만을 강조하는 것은 아닙니다. 하지만 잿밥이 호텔식 뷔페라 땡중들만 가득하다면 그 절은 뭐가 되겠습니까? 거기서 마신 와인을 자신의 스펙인 양 떠들어대는 회원들을 계속해서 만들어내는 곳이라면 어찌 되겠습니까?

핸드타올

화장실에 가면 꼭 손을 씻으시나요? 남자들 경우 사람들마다 차이가 있긴 한데 볼 일을 보기 전에 손을 씻는 사람이 있는가 하면 볼 일을 본 후에 손을 닦을 때가 있습니다. 전후사정을 보더라도 화장실에서 볼 일을 본 뒤 씻기는 하는데 젖은 손을 말리는 과정에서는 크게 두 가지로 구분이 됩니다. 핸드드라이냐 종이 재질의 손타올이냐입니다. 저는 특별한 이유로 핸드드라이를 사용하지 않고 손타올만 이용합니다. 계속 손타올만 뽑아서 사용하다 보면 가끔 세면대 벽면에 부착되어 있는 손타올 박스 표면에 적힌 알림 문구를 보곤 합니다. "한 장으로 충분합니다." 대충 이런 맥락의 알림 문구입니다. 이는 손을 씻고 물기를 닦음에 있어서 한 장 이상을 사용하는 사람들이 많아 손타올 소비량이 큰 나머지 지나친 손타올 사용을 막기 위해서 붙여놓은 알림 문구인 듯합니다.

그리고 휴지를 치우는 과정에서 보니 상당수 휴지가 젖어 있기보다는 닦다만 휴지들이 가득한 것으로 비춰 여러 장 쓴 것으로 판명되어 보다 아껴 쓰라는 차원에서 별도 알림 문구를 부착했을 수도 있습니다. 저도 무심코 손타올 2장 정도를 사용한 듯한데 그 알림 문구를 본 뒤 호기심에 1장을 사용해서 손에 있는 물기가 제거가 되는지 실험을 해봤습니다. 손에 쥔 종이가 적다 보니까 금방 물이 스며들고 또한 이리저리 닦다 보니까 넙적하던 휴지가 알사탕 크기로 금방 뭉쳐졌습니다. 다소 손에 물기가 있는 듯했지만 조금 살짝 있으니까 손에서 나는 열기에 물기가 금방 증발이 되어 남아있던 물기도 말끔히 사라졌습니다.

손타올 앞에 붙은 문구대로 정말 1장이면 충분했고, 물로 똘똘 뭉친 젖은 휴지도 어느 때보다 버리기 편한 상태여서 더 쉽게 쓰레기통에 버릴 수 있었습니다. 돌처럼 뭉쳐있으니 던져도 쓰레기통으로 쏙 들어가더라고요. 사실 여러 장 쓰면 억지로 힘써 휴지를 뭉쳐 휴지통에 던진다고 한들 던지는 도중에 휴지들이 펴져서 바람에 휘말리며 쓰레기통인 목적지에 가기도 전에 바닥에 떨어집니다. 그러다 보니 쓰레기통 주변은 늘 지저분해지곤 했거든요. 사용하기에도 사용 후 버리기에도 손타올 1장이 딱입니다.

누군가가 손타올을 개발했을 것이고, 개발 과정에서 타올의 크기를 정했을 텐데 우리가 쓰는 신용카드도 고도의 황금비율로 제작이 된 것처럼 손타올 크기도 나름 과학적 방법이 가미되어 제작이 된 것은 아닌가 하는 생각도 듭니다.

와인 1병의 용량은 750미리입니다. 병 크기로 봐서는 상당한 양이 들어갈 것처럼 보입니다. 맥주병과 비교해봐도 와인병이 훨씬 건실한 체구를 자랑합니다. 하지만 사실은 병이 단단하고 두꺼울 뿐이지 생각보다 와인이 많이 들어가지는 않습니다. 평소 와인을 즐겨 마시는 분들은 모르겠지만 와인이 생소하신 분이 와인을 샀을 때 와인병을 겉으로만 봤을 때 양이 많을 줄 알고 사셨다가 막상 마셔보니 가격 대비 양이 적음을 알고 난처해하실 수 있습니다. 여담이지만 양주보다는 더 들어가긴 합니다. 양주병이 예상 외로 훨씬 유리가 두껍습니다.

우리 술인 막걸리와 그 양에 대해서 비교해보겠습니다. 쉽게 찌그러질 정도로 얇은 플라스틱 재질을 가진 용기에 딱 750미리가 몽땅 다 들어갑니다. 용기가 적을 듯한데 생각보다 많이 들어갑니다. 막걸리 용기의 특성이 새삼 빛이 나는 순간입니다. 소주에 2배이고, 웬만한 맥주 한 병보다 양이 많으니 말입니다. 막걸리가 와인과 비교해서도 같은 액체임에도 불구하고 막상 와인이 들어있는 와인병과 내용물이 가득 들어있는 장수막걸리병을 양팔에 하나씩 들고 무게를 재보아도 현저한 차이를 보입니다. 심지어 다 먹고 남은 와인 빈병이 안 마신 장수막걸리 빈병보다 무거우니 말입니다. 우선 재질로 인한 와인의 무게는 둘째 치고 어쩌다 와인의 용량이 750일까요?

저는 와인의 용량을 보면서 손타올 1장을 생각해보았습니다. 의외로 손타올 1장이면 충분히 물기를 제거하고 상쾌한 손을 선사했듯이 은근히 와인 750미리 한 병이 가장 이상적으로 적당한 듯합니다. 손타올 1장이 곧 와인 1병처럼 말입니다. 물론 사람들마다 주량의 차이는 있겠지만 상쾌한 내일 하루를 위해서는 정말 귀신같이 와인 1병이 정답입니다. 욕심을 내서 조금이라도 더 와인을 마시는 날에는 일하는 데 또는 일상생활을 하는 데 부대끼더라고요. 해장을 안 하면 안 될 정도로 종일 신경도 예민해지고요.

손타올도 1장이면 여태 충분했었는데 어쩌다 2장, 3장씩 써왔나 생각해보니까 의외로 무의식적인 사용이 아니었나 싶었습니다. 한 장을 쏙 빼는 순간 다른 한 장이 따라 나오면서 대기모드로 들어가는데 그것을 보는 순간 자동적으로 손이 가다 보니 다음 장을 뽑게 됩니다. 만약 손타올과 손타올 간에 시간적 간격이 존재했으면 한 장만 뽑아서 씻을 텐데 바로 나오니 알게 모르게 손이 간 듯합니다.

와인도 그렇습니다. 1병까지는 와인인데 그 이상부터는 와인이 아닌 술로 변하더라고요. 술로써의 '와인'이 아닌 와인으로

써의 '와인'에서 끝내지 않으면, 즉 와인 750미리 1병에서 끝내지 않고 계속 마시게 되면 더 이상 와인이 아닌 와인이 변한 술이 되더라고요. 술이 술을 부르는 상태에 이르게 되고, 분명 와인으로 시작했는데 술로 끝나게 되는 겁니다. 신비한 숫자 750이 와인의 '외력'입니다. 손타올 1장이면 충분하듯이 와인의 깊은 '내력'을 찾아가며, 와인을 가족처럼 친구처럼 오래오래 함께 하시고자 하시면 꼭 와인 1병을 기억해주세요.

포장

한 번 보고 두 번 보고 자꾸만 보고 싶네

택배를 보내거나 받아보신 적 있으시죠? 워낙 인터넷 상점 또는 홈쇼핑에서의 상품 거래가 활발한 관계로 판매자와 소비자 간의 연결고리로써 택배 시스템 또한 상당히 발전되어 있습니다. 이러한 시스템 속에서 자주는 아니지만 반품도 예기치 않게 발생도 하고, 물건이 잘못 배송도 되기도 하며, 파손으로 인한 배상까지 복잡다단한 일이 생길 수 있습니다.

한 번은 이번 겨울에 제주도 여행을 다녀오신 분이 유기농 귤이라 하여 선물로 현지에서 구입해서 택배로 보냈습니다. 책이나 옷처럼 파손이 되지 않는 제품이면 모르겠지만 귤은 신선제품이고, 파손이 늘 도사리고 있는데 판매자 입장에서는 지금까지 아무 문제가 없었다고 하면서 믿고 택배를 보내곤 했답니다.

하지만 막상 제가 귤을 받아보니 절반 이상이 파손되었고, 약간 과장된 표현을 더한다면 귤을 선물 보냈다고 하는데 저는 주스를 받은 듯했습니다.

저도 택배를 편의점 등을 통해서 보낸 적이 있습니다. 그때 꼭 중요하게 체크하는 부분이 파손 여부입니다. 택배 회사마다 차이는 있겠지만 파손면책을 해야 택배를 받아주는 곳이 있고, 파손제품이 아니어야 택배가 가능한 곳이 있습니다. 그러기에 파손이 되는 제품은 기본적으로 배달이 까다롭습니다. 하지만 아예 방법이 없는 것이 아닙니다. 기본 택배에 따른 택배비 말고 약간의 추가요금을 더하면 가능합니다. 어디까지나 파손면책 등등은 기본택배에 따른 조건이지 가격에 따른 다른 택배 서비스를 신청하면 파손이 우려되는 물건도 배달이 됩니다. 편지도 일반우편이나 빠른 등기 등 다양한 전송 방법이 있듯이 말입니다.

선물한 사람에게 귤이 아닌 주스가 왔다고 말하자 격양된 목소리로 전화를 받았고, 제가 직접 보지는 않았지만 판매자를 향한 클레임이 장난이 아닐 듯했습니다. 분명 이상 없이 보낸다고 하고서는 막상 받아보니 하자투성이이니까요. 물건을 산 곳이 거리가 가깝거나 하면 모를까 비행기를 타야 할 만큼 산 넘고 물 건너 바다 또한 건너야 하니 얼마나 속이 터지겠어요. “아차, 현지에서 당했다.” 이 정도일 겁니다.

하지만 문제는 쉽게 해결이 되었습니다. 잘잘못을 살펴보니 택배회사의 배달사고가 더 큰 부분을 차지했고, 그 보상받은 일부 금액을 통해 다시 귤을 택배로 보내서 전에는 주스를 받았던 제가 이제는 온전한 귤을 받게 되었습니다. 제주도 농장에서는 기본 택배에 추가요금을 더해 택배를 보냈기에 귤 보상도 가능했다고 합니다. 하지만 그래도 신선제품이고, 잘 파손이 될 텐데 조금만 더 단단하고 견고하게 포장을 했으면 하는 마음도 있었습니다. 보상받아 새로 받은 귤 택배를 풀어봤을 때 깨진 귤은 없었지만 제가 봐도 포장이 엉성했고, 귤이 하나 안 깨지고 온 것 자체가 신통할 따름이었거든요. 추가요금을 내고 택배를 보냈다 하지만 보다 견고하게 포장을 해서 보낼 필요는 있다는 생각이 들었습니다. 농장 아저씨도 귤 농사짓느라 힘드셨겠지만 사실 텔레비전이나 인터넷 기사만 보더라도 택배 아저씨가 박봉에 상당히 힘들어하시는 모습을 자주 접하거든요. 엉성한 택배 포장은 고스란히 택배 아저씨의 고생으로 전이가 되고 맙니다.

와인을 꼭 구매할 목적으로 와인 매장을 방문한 것은 아니지만 이것 저것 구경을 하다가 괜찮은 와인을 발견해서 3병을 구매했습니다. 병마다 개별포장을 했고, 계산도 문제없이 진행되었습니다. 와인 매장 와인 계산대에서 포장을 마친 와인을 손에서 손으로 옮겨받는 과정에서 와인 하나가 툭 떨어졌고, 바닥에

둔탁한 소리를 내면서 와인이 깨지고 말았습니다. 불행 중 다행인 것은 세 병 모두 개별포장 상태에서 떨어진 것이라 유리 파편도 튕기지 않았고, 와인도 이리저리 튀지 않아 2차 피해는 없었습니다. 와인이 옷에 묻으면 세탁이 어지간해서는 쉽지 않거든요. 우선 사태를 수습하기 위해서 문제가 뭔지 찾아봤더니 포장에 문제가 있었습니다. 와인마다 개별포장을 마치고 와인을 들 수 있게끔 만든 손잡이 역할을 하는 끈 한쪽이 풀리면서 와인 무게에 균형을 잃고 바닥으로 자유낙하한 겁니다. 보통은 운동화 신발끈 끝부분 매듭처럼 와인 포장끈 끝부분도 비닐코팅으로 제작이 되어 견고하게 만들어져 있습니다. 그런데 다소 와인끈의 끝부분이 엉성하게 제작이 되는 바람에 매듭이 풀리면서 포장 손잡이에서 쏙 빠져버린 겁니다. 즉 작은 와인 포장지 불량이 와인 파손이라는 큰 결과를 낳은 겁니다. 판매자가 다른 와인으로 교체는 해주었지만 판매자나 구입자나 이 갑작스럽고 어이없게 발생한 사건에 대해서 감정을 수습하는 데 다소의 시간이 걸릴 수밖에 없었습니다.

귤처럼 신선제품이고, 파손이 쉬운 물건에 대해서 포장이 중요하듯 와인 또한 그 무게가 만만치 않은 만큼 세심한 포장이 필요합니다. 누구누구 잘못을 떠나 제품의 손상은 모두에게 심적 부담을 줍니다. 와인 매니저는 포장지 하나 때문에 와인이 파손되었으니 얼마나 황당하겠어요. 누구에게 하소연할 수도 없고 말입니다. 저는 그날 이후로 누구누구 잘잘못을 따지기 전에 와인에 집중하기로 했습니다. 물질적 보상으로 새 제품을 받았지만, 아직도 그 와인이 바닥에 떨어져 깨지는 순간 매장에 가득 찬 피비린내 같은 와인 향기를 잊을 수 없습니다. 잠시나마 제 와인이었는데, 참 멀리서 저를 보러왔는데 허망하기 그지없습니다.

귤의 경우를 보더라도 생산, 포장, 배달, 소비로 크게 구분이 됩니다. 이 과정에서 '포장'이 엉성해지면 나머지 생산, 배달, 소비가 알게 모르게 피해를 봅니다. 와인도 그렇습니다. 포장 하나가 잘못되니까 나머지 모두가 심적 고생을 하게 됩니다. 제품에 이상이 있어 보상받는 것은 당연히 구매자로써 떳떳하겠지만 제품 하자로 인한 보상이 아니다 보니까 매장에 대한 미안한 구석이 생기게 되었습니다. 보상은 받았지만 저도 어느 정도 실수를 한 것 같아서입니다. 자나 깨나 불조심인 것처럼, 누구의 잘못을 떠나 포장만큼은 꼼꼼히 보셨으면 하는 바람이 있습니다. 저처럼 눈앞에 와인이 깨지는 '와인 초전박살 트라우마'를 겪으시면 안 됩니다.

A4

에이~ 포기하지 마!

우리가 흔히 문서출력 때 제일 많이 쓰는 규격화된 종기 크기 A4를 아십니까? 이제는 워낙 널리 쓰이기에 A4가 웬만한 서류 종이의 고유명사가 되어 여기저기 불리고 사용됩니다. 그런데 이런 A4용지에도 앞뒤가 있다는 사실을 아시나요? 예전에 인터넷 등으로 입소문이 나서 웬만큼 A4용지를 사용해보신 분들은 문서를 출력할 때 앞뒤면을 고려하여 쓰시기도 합니다. 혹시 생소한 이야기 같으면 직접 눈으로 살펴보셔도 됩니다. 워낙 용지를 견고하게 만든 나머지 아주 자세히 용지를 보기 전까지는 앞뒤 차이가 사실 잘 구별되지는 않습니다. 이때 눈이 아닌 손끝을 이용해서 좌우상하 용지 끝부분들을 살살 만지면 미묘하게 재단한 상태를 통해서 앞뒤가 구별이 되고, 이를 기반으로 용지

표면 앞뒤를 비교해가며 손끝으로 부드럽게 만지다 보면 어느 한쪽이 더 부드럽다는 것을 금방 발견하게 됩니다.

사실 여기까지는 누구나 알 것 같아서 다른 숨겨진 A4에 대해서 말해 볼까합니다. 혹시 "백지장도 맞들면 낫다."라는 우리 옛 속담을 잘 아시죠? 물건 중에 가장 가벼운 단위인 종이조차도 무게가 있는데 이를 서로 같이 들면 혼자 들 때보다 더 가볍게 들 수 있다는 '무게'의 개념이 내포되어 있습니다. 물론 그 무게의 주체는 '백지장'이고요. 본론으로 들어가서 우리가 사용하는 A4가 무게에 따라 두께도 틀려진다는 것을 아시나요? 다른 말로 바꿔서 우리가 흔히 사용하는 A4용지가 다 같은 두께가 아니고 A4용지마다 두께가 틀릴 수 있다는 사실이 믿겨지시나요? 사실 A4를 박스채 구매할 때 보면 박스 옆면에 용지 그람 수가 쓰여 있습니다. 그 그람 수에 따라 용지의 두께가 결정이 되는데 보통 그람 수가 높은 것이 상대적으로 약간 더 비쌉니다. 메이커에 따라 가격이 틀려질 수는 있지만 가격 차이의 요인이 비단 메이커에만 있지 않고 용지의 무게에 따라 달라진다는 것을 아는 이는 드뭅니다. 그렇다고 해서 용지의 무게가 많이 차이나는 것은 아닙니다. 시중에는 두 종류의 무게를 가진 A4용지가 제일 많이 유통되어 사용되는데 서로 간 무게의 차이는 가로 세로 1미터의 용지가 각각 1장 있을 때 5그람입니다. 이것을 A4용지 한 장으로 환산하면 서로 간 10% 미만의 종이가 한쪽에 더 들어가 있는 차이로 종이의 두께가 반영되는 겁니다. A4용지를 사용하다 보면 기분 탓이겠거니 하면서도 용지가 다소 투명해보이고, 뒷장의 글씨가 비춰 보이는 A4용지를 볼 때가 있을 겁니다. 이 종이가 다소 가벼운 용지입니다. 막상 두 가지 용지를 만져보고 비교해보면 용지의 앞뒤면 찾는 것보다 훨씬 빨리 두께의 차이를 발견할 겁니다. 10%도 안 되는 차이인데도 말입니다.

와인을 마시다 보면 같은 양의 와인을 마셨는데 여느 때보다 조금 더 취기가 도는 느낌이 들 때가 있습니다. 기분 탓 혹은 그날 컨디션이겠거니 생각하고 지나칠 수 있는데 사실 와인의 도수는 지역마다, 나라마다, 품종마다, 제조방식에 따라 여러 변수들이 작용을 하여 다소 차이가 있습니다. 앞 글의 종이의 두께가 도토리 키재기처럼 별 차이가 없어 보이지만 실상 재보니 다소 차이가 있는 것과 같은 원리입니다.

기본 레드 와인이 12도라 하지만 실제 판매되는 레드 와인들을 보면 거뜬히 14도를 넘깁니다. A4는 10%가 안 되는 작은 차이에도 그 두께가 느껴지는데 와인은 10%를 훌쩍 넘기는 차이가 나니 단순히 기분 탓만은 아닙니다. 와인을 드시다가 평소보다 약간 들뜬 기분이 들거나 다소 어질어질하시거든 와인 옆면에 쓰여 있는 알코올 도수를 한 번 봐주세요. 평소보다 높다는 것을 쉽게 알 수 있습니다. 반대로 평소 도수 높은 와인을 주로 드셔왔다면 여느 때보다 부드럽게 잘 들어가는 와인 또한 발견합니다. 그 차이를 잘 알고 와인을 구입하면 평소 주량이 강한 분은 와인 도수를 고려해서 와인을 구매하는 것도 하나의 팁입니다. 주량이 강하신 분은 와인 한 병으로는 부족하다 싶어서 굳이 2병을 사서 마시다가 남길 필요도 없고, 또는 와인이 남을 것을 걱정해서 과하게 마실 필요도 없습니다. 반대로 주량이 약하신 분들은 반대로 기본 와인 1병을 구매하셔서 마시면 됩니다. 굳이 도수가 다소 높은 와인을 마시다가 못 마셔서 와인을 남길 필요도 없고, 의욕이 앞서 무리하게 다 마시다가 그 다음날 컨디션 조절에 실패할 필요도 없고 말입니다.

아주 작지만 와인의 도수가 높은지 낮은지 살펴보면서 마시는 것도 와인과 대화하는 하나의 발걸음입니다. 사실 와인 라벨 보기 힘들죠? 당장은 깨알 같이 작게 쓰여 있는 숫자 하나 보는 것부터 와인 보기를 시작하지만 하지만 혹시 압니까? 나중에는 큰 글씨도 읽게 되는 그날이 올는지요.

객관식

손대면 톡 하고 맞출 것만 같은 그대

객관식 시험은 우리 사회에서 서열과 직업을 선택함에 있어서 사회적 필수 프레임입니다. 적은 시간에 많은 사람을 평가하다 보니까 주관화된 문제에 비해 객관화된 문제가 주로 선택되었습니다. 평가가 방법에 있어서 잘잘못을 떠나 다른 관점으로 이야기를 해볼까 합니다. 사람을 평가 또는 순위를 매기기 위해 시험을 봅니다. 그러기에 주최측은 시험 보는 사람들에게 원하는 지식이 있고 없음을 알기 위해, 또는 얼마나 더 알고 모르는지를 판단하기 위해 시험을 봅니다. 객관식 문제가 20문제가 있다고 하겠습니다. 맞은 문제도 있고 틀린 문제도 있을 겁니다. 이때 커다란 전제가 작용합니다. 맞은 문제는 그 문제에 속한 지식을 잘 아는 것으로, 틀린 것은 아직 그 문제 속에 담겨있는 지식을 잘 모르는 것으로 말입니다. 그래서 정답을 맞히면 보통 우리는 동그라미를 그리고, 틀리면 사선을 긋습니다.

하지만 문제를 풀다보면 답을 몰라도 찍는 경우가 있습니다. 어느 누구도 보다 이상적인 시험을 만들기 위해서 찍지 않고 모르면 모르는 대로 답안을 체크하지 않고 넘어가는 사람은 없습니다. 그래서 우연치 않게 일정한 확률에 따라 오답이 되어야 하는 답이 정답이 되고, 어쨌든 간에 그 문제를 아는 사람으로 여겨지게 됩니다. 다른 경우로는 설사 정답을 알고 있더라도 답안을 실수로 체크를 못하거나 다른 곳을 체크해서 틀리면 대외적으로 그 문제를 모르는 사람으로 구분됩니다. 그래서 누구나 객관식 룰에만 잘 따르면 찍는 것도 실력이 됩니다.

'와인을 마셔봄'이 그 와인을 아는 것이 아닙니다. 객관식에서 정답을 맞혔다 해서 그 문제를 다 아는 것은 아닌 것 같습니다. 즉 우리는 그 와인을 알고 모름의 기준을 대개 '와인을 마셔봄'이라는 경험적 사실 여부로 따집니다. 이는 객관식이란 약속된 룰이 보여주는 것처럼 우선적으로 정답이기만 하면 그 정답에 이르기까지 일련의 노력이란 과정은 크게 압축이 되어 결과보다는 큰 비중을 차지하지 않게 되는 것과 같습니다. 또한 와인을 많이 마셔본 사람은 경제적 능력이 있어 마실 수 있는 사람으로 간주되곤 합니다. 와인이 다른 술에 비해 고가다 보니까 경제적 능력 없이는 영위할 수 없는 고급 취미로 자리매김하게 된 것입니다. 그래서 아래와 같이 간단한 방정식이 성립이 됩니다. "경제적 능력이 뒷받침돼야 많은 와인을 마시고, 많이 알게 된다." 그래서 "나 이 와인 마셔봤어!"는 다른 한편으로 "나 경제적 능력 있어!"라는 숨겨진 자기 자랑이 됩니다. 그래서 이런 대화가 계속 오고 가봤자 대화 상대방은 자존감만 떨어지게 됩니다. "그래, 나도 사다가 마셔본다!" 하면서요.

이런 영양가 없는 대화의 고리는 단순히 '마셔봤다'에서 시작되어도 '아는 거다'로 마무리합니다. 이는 객관식 문제에서 '정답'은 곧 '아는 거다'와 비슷하지 않나요? '와인을 마셔봄'은 그 와인을 느껴본 것이지 아는 것이 아닙니다. 대형마트에 음료 코너에 가끔 가보면 작은 종이컵을 이용하여 제품의 맛을 보라고 조금씩 따라서 홍보하는 풍경을 가끔 목격하실 겁니다. 보통 이를 '시음'이라고 하는데 어느 누구도 그 본래 제품을 사서 마셔야 마셔봤다는 말을 하지 시음만 했음에도 그 제품을 마셔봤다고는 하지 않습니다.

대개 와인 모임 등을 통해서 다양한 와인을 여러 사람이 나눠 먹기도 합니다. 그때 보통 '와인 시음회'라는 표현을 씁니다. 작은 양을 마시지만 여러 와인을 마신다는 강점을 이용해 나만의 와인을 찾아가는 하나의 방편으로써 말입니다. 그때 거기서 마셔본 와인을 우리는 대개 '마셔본 와인'으로 둔갑을 시킵니다. 더 나아가서는 그 와인을 '아는 와인'으로도 승화시키고요. 물론

1병을 사서 마셔본 사람은 진짜 마셔본 것은 됩니다. 하지만 여기까지입니다. 그 와인을 안다고까지 나아가서는 안 됩니다. 하지만 시음과 마찬가지로 '마셔봄'이 곧 '아는 것'으로 도식화시켜 버립니다.

객관식 문제를 풀어 정답에 이를 때 완전한 정답 없이도 일부만 통해서도 정답을 맞힐 수 있습니다. 완벽하게 알아도 또는 일부만 알아도 정답이라면 곧 아는 것입니다. 시음만 했을 뿐인데 와인을 아는 것으로 여기는 것은 객관식 정답과 비슷하지 않나요? 사실 와인을 안다는 표현은 내가 아닌 와인이 나를 알 때 쓸 수 있는 표현입니다. 그 와인과 친구가 되었을 때야만 비로소 '안다'에 근접할 수 있습니다.

건강

다신 약해지지 않을게 마니 아파도 웃을 거야

건강을 위해 운동을 합니다. 로마에 가면 운동의 중요성을 강조한 조각상도 있습니다. 할아버지 거시기 운동 조각상과 건장한 청년 거시기 운동 조각상입니다. 낮 뜨거워 자세히는 말씀드리기 거시기해서 힌트만 드리겠습니다. 인터넷에서 찾아보시면 금방 궁금증이 해소될 겁니다.

아이들에게 운동을 말해보라고 하면 농구나 축구 등을 먼저 연상합니다. 성인들은 그 범위가 더 커서 웬만한 스포츠 활동 등을 떠올립니다. 여럿 학생들이 "우리 농구 한 게임할까?"라고 말하는 것은 놀면서 운동하는 겁니다. 아저씨들 아침 조기축구는 어느 지역, 어느 동네를 가든 학교운동장에 꽈리를 틀고 있고요. 주변에 보면 분명 건강을 위해 운동을 한다는데, 운동 때문에 건강을 해칩니다. 게임하는 것도 운동이요, 스포츠 활동도 운동인데 '지나친' 운동은 운동이 아닌 게 됩니다. 다들 건강을 위해 운동을 한다고는 하지만 자세히 뜯어보면 운동의 목적은 따로 있고, 건강은 운동에 따른 전리품 정도로 여깁니다. 숨이 멈출 때까지 달릴 때도 있습니다. 마라톤을 하는지 운동을 하는지 모르겠습니다. 태산이 높다 하지만 하늘 아래 산이라 하면서 쓰러질 때까지 산을 올라가기도 합니다. 운동을 하는지 등산을 하는지 모르겠습니다. 꼭 이겨보겠다고 동해 번쩍 서해 번쩍 배드민턴공을 따라다니기도 합니다. 운동이라고 하기에는 몸이 부서져라 뛰어다니는 것처럼 보입니다.

술을 마십니다. 술을 즐기기 위함도 있고, 술에 취하기 위함도 있을 겁니다. 와인을 마십니다. 술에 취하기 위해 와인을 마시기보다는 건강을 생각해서 와인을 선택한 사람들이 꽤 많습니다. 그래서 그런지 와인을 마시는 사람들끼리도 와인을 '즐긴다'라는 표현을 더 많이 합니다. 카테고리상 와인도 술로 구별이 되긴 하지만 단순히 건강을 넘어서서 약주로써 마시는 사람들 또한 있습니다.

하지만 와인도 술이기 때문에 많이 마시면 취하고, 자칫 잘못하면 건강을 해칠 수 있습니다. 건강해지려고 또는 약술로써 시작한 와인이 도리어 여타 술과 같이 건강을 해치는 술로써 둔갑을 합니다. 건강을 위해 운동을 시작했으나 건강을 해치는 경우처럼 건강을 위해 마신 와인이 건강을 해치는 경우가 됩니다. 다들 건강을 생각해 와인을 마신다고 하지만 자세히 뜯어보면 와인의 목적은 따로 있고, 와인을 건강 상품으로 포장만 하려 합니다.

죽도록 운동하는 것은 취하도록 와인을 마시는 것과 같습니다. '지나친' 운동이 건강을 해치듯이 '지나친' 와인도 건강을 해칩니다. 지나치게 마시는 와인은 와인이 아닌 술입니다. 맥주와 소주와 다를 바 없습니다. 지나친 와인은 술로 빙의한 와인과 다름없습니다. 그러기에 와인이라 할지라도 일반 술처럼 숙취도 있습니다. 와인이라고 해서 더 건강하게 취하지는 않습니다. 주객이 전도되면 와인도 건강이 아닌 병을 줍니다.

동물의 왕국

〈동물의 왕국〉이라는 TV 방송 프로그램을 아십니까? 도시의 세계에 살다 보니까 동물의 세계에 대해서 잘 모르거나 궁금해하는 이들에게 영상을 통해서 자연 속 상황의 일면을 보여주는 TV 프로입니다. 대부분의 주제는 동물들이 먹고 먹히는 광경이 주로 나옵니다. 하도 그러한 모습만 보이니까 매회 사이사이 다른 주제를 한 동물 내용도 삽입하기는 하지만 어디까지나 동물의 왕국하면 '약육강식'이라는 사자성어가 먼저 떠오르게 됩니다.

우선 가장 기억에 남고 자주 반복되는 동물의 왕국 내용을 공유할까 합니다. 사자 한 마리가 물소 한 마리를 노리고 있습니다. 매서운 눈빛으로 다가서다 찰나의 순간 달려가 물소를 덮칩니다. 물소는 잡히지 않으려고 열심히 뛰지만 사자의 속도를 못 이기고 사자에게 목덜미를 물려 쓰러집니다. 이때 주변의 물소들은 사자를 무서워하면서 갈팡질팡합니다. 물소 한 마리가 잡힘과 동시에 주변에서 주저주저하는 물소들과는 대조적으로 사자는 아랑곳하지 않게 물소의 목덜미를 꽉 문 채 놓지 않습니다. 물소가 완전히 쓰러지고 숨을 헐떡거릴 때쯤이면 주변에는 단 한 마리의 물소도 보이지 않고 그냥 고기 덩어리 하나만 덩그러니 사자 앞에 놓여 있습니다.

약육강식을 제대로 보여주는 전형적인 '동물의 왕국' 영상입니다. 대상이 물소이든 얼룩말이든 한 가지 확실한 것은 사자는 먹고, 그들은 먹히는 겁니다. 그리고 TV 영상에서는 보다 적나라하게 보여줍니다. 하지만 우리가 보는 '동물의 왕국'은 '동물세계'의 한 단면에 불과합니다. 짧은 시간에 동물의 세계를 요약적으로 보여주다 보니까 보다 임팩트 있는 장면들이 TV 화면 속에 많이 그려지는 겁니다. 하지만 계속 반복해서 이런 약육강식 구도로 이어지는 TV 영상을 계속 시청하다 보면 '동물의 왕국'이 '인간의 왕국'까지 미치게 되는 것을 용납하게 됩니다.

"강자는 살고 적자는 죽는다. 부자는 사자고 가난한 자는 물소다. 사자는 살고 물소는 죽는다. 적자생존은 동물의 습성이다. 인간도 매한가지 동물이다."

모두들 사자가 되길 원하고 물소가 되기는 싫어합니다.

"태어나도 사자로, 죽어도 물소는 안 돼! 금수저는 사자, 흙수저는 물소! 너희는 동물의 왕국처럼 굴복해야지!"

이러한 사회적 논리로 흘러가버립니다. 아무리 인간이 이성적인 동물이라고 하지만, 인간도 동물의 카테고리에 들어가기에 동물의 본성이 곧 인간의 본성에 매칭이 자연스럽게 이루어냅니다. 그래서 인간의 이성은 어디까지나 동물의 본성을 감싸는 안전핀 역할을 하고, 언제든지 그 안전핀이 제거되면 동물처럼 행동해도 자연의 이치로 합리화해 버립니다. 오직 사자의 논리, 강자의 논리입니다.

우리는 밀림에 없어봐서 그럽니다. 얼룩말, 물소, 사자들이 얼마나 평화스러운지 말입니다. 사실 사자는 말입니다. 배가 고파야만 사냥을 합니다. 사자 집에는 냉장고도 없기 때문에 고기를 저축도 안 합니다. 좋은 예로 얼마 전 인터넷을 떠들썩하게 했던 사진 한 장이 있습니다. 얼룩말과 사자가 나란히 물가에서 친구처럼 물을 마시고 있는 사진 장면입니다. 이들은 꼭 먹고 먹히는 관계만은 아닌 겁니다.

우리가 오해하는 또 다른 장면으로는 물소들은 동료들이 잡아먹히는 것을 보고만 있다는 겁니다. 물소들은 사자를 경계하면서 자신들만의 방어체계를 갖습니다. 물소들은 뭉치면 살고 흩어지면 죽는다는 것을 잘 알고 있습니다. 사자는 해커와 같습니다. 단단한 물소의 방어막을 뚫어야 사냥에 성공합니다. 옛

속담에 "호랑이도 토끼 한 마리를 잡기 위해 온힘을 다 쏟는다." 라는 말이 있습니다. 사자는 단단한 물소의 철벽 방어에 매번 실패를 거듭하지만 온힘을 다해서 뛰어다녀 결국 단 한 마리의 물소를 잡는 겁니다. '동물의 왕국' 영상 속에서 사자가 달려들자 힘없이 물소가 잡히는 장면은 사냥 전 과정은 생략된 채 결론으로만 맞춤 편집된 것입니다. 동물의 세계는 '동물의 왕국'이란 TV 영상으로 알맞게 편집이 되어 부분이 전체인 것처럼 왜곡된 겁니다.

와인은 와인인데 인간이 만들어놓은 와인이 많습니다. 우리는 와인의 세계가 아닌 '와인의 왕국'을 보고 있습니다. '와인의 왕국'에서는 와인의 가격을 인간이 정해놓습니다. 그리고 인간의 입맛에 맞게 와인의 순서를 정하고, 공급과 수요를 조절하면서 시세차익 또한 놓치지 않습니다. 와인의 맛과 향보다는 돈의 흐름에 따라갑니다. 와인병에 와인이 아닌 인간의 욕망을 더 많이 채워서 팝니다. 이와 대조적으로 '와인의 세계'에서 와인의 가격은 와인이 정하는 것이지 인간이 와인의 가격을 정하는 것은 아닙니다.

'동물의 왕국'이나 '와인의 왕국'이 '동물의 세계' 또는 '와인의 세계'에서 왜곡되어 우리가 잘못 알아온 만큼 진정한 '동물의 세계' 그리고 '와인의 세계'를 다시 되새겨볼 필요가 있습니다. '진실'을 정확히 아는 것부터가 진정한 시작이라고 할 수 있습니다. 무엇이 잘못되었는지 또는 진실이 무엇인지를 측정할 수 없으면 이를 관리할 수 없고, 이를 관리할 수 없으면 이를 '개선'할 수가 없기 때문입니다.

김밥

잘 말아줘 잘 눌러줘

마른 오징어의 가장 맛이 있는 부분이 어디입니까? 어떤 사람은 몸통이, 어떤 사람은 다리, 소수 의견이기는 하지만 머리가 맛이 있다고 하는 사람도 있습니다. 그러면 김밥은 어디가 가장 맛이 있을까요? 바로 김밥 양쪽에 위치한 끄트머리 김밥입니다. 소풍날 아침에 어머니가 김밥을 말고 나면 몸통은 온전히 도시락통에 들어가고, 나머지 남은 끄트머리 김밥은 아침식사로 대체되곤 했습니다. 백화점 또는 편의점에서 파는 김밥을 보면 몸통만 있고 끄트머리는 없습니다. 끄트머리가 맛은 있지만 조금은 모양새가 없다 보니까 김밥으로써 온전한 몸통만 보기 좋게 포장되어 판매가 되고 집에서 직접 김밥을 말거나, 김밥 전문점에서 즉석으로 김밥을 마는 것을 빼고는 끄트머리를 보기란 좀처럼 어렵습니다. 또한 끄트머리만 따로 모아서 팔지도 않습니다. 그래서 한편으로는 제일 맛있는 부분으로 평가되지만 저평가되어 상품화되지 못하고, 보기 좋고 먹기 좋은 몸통 부분만보다 비싼 가격으로 유통되는 건 아닌가 싶습니다.

와인에도 '끄트머리 와인'이 있습니다. 이 끄트머리 와인은 아쉽게도 생산지역이나 그 나라에서 자체 소비가 되고, '몸통 와인'만 수출이 되어 우리 테이블 앞에 서게 됩니다. 그래서 우리가 마시는 대부분의 와인은 끄트머리가 제거된 채 상품성이 가장 큰 '몸통 와인'만 보여지는 겁니다. '끄트머리 와인'과 '몸통 와인'은 그 단어상 의미에서도 느낌이 오는 것처럼 그 가격에 있어서도 많은 차이를 보입니다. '끄트머리 와인'은 그 품종과 와이너리에 따라 다소 틀릴 수는 있지만, 하나 확실한 것은 '몸통 와인'과 비교했을 때 비교도 되지 않을 정도로 저렴한 가격에 상품화되어 거래가 되고 있습니다. 물론 '몸통 와인'이나 '끄트머리 와인' 가격이 동일하다고 하면 끄트머리 와인으로써의 매력은 분명 없을 겁니다. 하지만 '끄트머리 와인'이 '몸통 와인'에 비해 와인의 맛과 향은 뒤지지 않는데 가격면에서 커다란 차이를 보이니 메리트가 더욱더 있는 겁니다.

어머니의 끄트머리 김밥을 아침에만 먹을 수 있듯이 '끄트머리 와인' 또한 현지에서만 먹을 수 있습니다. 그래서 와인 현지에 가면 와인의 맛과 향이 상당히 좋은데 가격이 저렴한 와인을 봤다면 오로지 그 지역에서만 유통되는 끄트머리 와인을 만났을 확률이 높습니다.

연탄

사계절이 뚜렷한 우리나라에 겨울이 오면 다들 바쁘게 움직입니다. 추위를 이겨내는 방법으로 과거에는 연탄이 사용되었을지는 모르겠지만 지금은 대부분 도시가스 등을 이용한 보다 현대적인 방법을 선택하여 난방을 합니다. 도시화가 빨리 진행된 곳이면 곳일수록 연탄의 사용은 찾아볼 수 없습니다. 다소 화훼 농가처럼 상업적 목적이 아닌 이상 주거용으로써 연탄을 사용하는 곳은 보다 제한된 지역에서 찾아볼 수 있습니다.

연탄은 가격 대비 화력이 상당히 좋습니다. 하지만 연탄을 잘 사용하지 않는 이유는 안전성에 문제가 있고, 타고 남은 연탄재의 처리가 상당히 곤란하기 때문입니다. 그래서 도시가스가 처음 설치될 때에는 많은 사회적 비용이 소요되기는 하지만 사용의 편리성 때문에 도시가스가 많이 사용됩니다. 물론 도시가스가 연탄이나 석유와 비교해도 사용 후 상대적으로 오염물질이 덜 발생됩니다.

도시가스가 좋다고는 하지만 여전히 난방용으로 연탄을 사용하는 곳이 아예 없다고는 말할 수 없습니다. 연탄 생산량이 그리 많지는 않지만 꾸준히 생산은 되고 있습니다. 그리고 사용처가 도시화가 안 되어 있는 곳으로 한정되어 있다는 공통점도 보입니다. 연탄을 필요로 하는 주거지역이 도로 인프라가 열악하고, 산 같은 언덕에 위치하는 등 운반이 힘든 지리적 한계가 보이는 지역일수록 연탄의 단점은 하나 더 추가가 됩니다. 바로 연탄의 무게입니다. 이러한 곳은 연탄 배달도 안 됩니다. 그러다 보니 배보다 배꼽이 더 비싸집니다. 연탄이란 내용보다 운반비가 더 비싸지는 난해한 상태가 벌어집니다. 그래서 겨울철만 되면 언론 등을 통해서 자원봉사자들이 주축이 되어 '연탄 나르기 행사'가 열리는 것을 간간히 볼 수 있습니다.

와인은 다른 술에 비해 상당히 무겁습니다. 소주, 맥주, 막걸리도 플라스틱 등을 이용하여 그 무게를 줄일 수 있고, 특히 맥주의 경우에는 알루미늄캔 등을 이용하여 무게를 더욱더 줄이는 방법도 사용하기도 합니다. 하지만 대부분의 와인은 병입니다. 와인병 무게 또한 와인을 생산하는 와이너리에 따라 다소 차이는 있겠지만 병마다 2~3배 차이도 있습니다. 그러다 보니

레스토랑에 구비된 와인을 구입해서 마시지 않는 이상 본인이 직접 준비한 와인을 마시기 위해 가방에 넣고 들고 다니는 것은 다른 주류에 비해 상당한 '무게감'을 감수해야 합니다. 물론 최근에 포터블하게 제작된 종이팩 와인이 있기는 하지만 그 생산량은 병에 비해 상당히 소수입니다.

와인 모임을 진행함에 있어서 레스토랑에서 판매되는 와인을 직접 구입하여 사용하기도 하지만 상대적으로 보다 다양하고 저렴하게 와인을 마시고자 주최자가 모임에 쓸 와인을 직접 챙겨오는 경우가 더 많습니다. 이 경우 주최자는 와인 한 병도 아니고 여러 병을 갖고 와야 하는데 그럴 때 와인 한 병 한 병의 무게는 정말 '연탄'처럼 느껴집니다. 이에 반해 맥주, 소주, 막걸리 무게는 연탄에 비하면 '도시가스'라 할 수 있고요. 물론 모임 성격에 따라 한 사람의 주최자가 몽땅 와인을 갖고 오는 것이 아닌 참석회원들이 각자 와인을 챙겨오는 경우도 있기는 합니다. 이런 경우 와인병의 상당한 무게에 부담을 느껴보신 참석회원님의 마음속을 들여다보면 아마도 "다시는 이 짓하지 말자!"라고 하면서 침 한 번 꾹 삼키셨을 겁니다.

주최자가 챙겨온 와인가격은 레스토랑에 구비되어 판매되는 와인가격에 비해 비교도 안 될 정도로 저렴합니다. 하지만 이 '연탄 와인'을 챙겨오는 누군가가 있기 때문에 우리나라 와인이 전 세계에서 가장 비싼 가격대를 형성함에도 불구하고 상대적으로 저렴하게 와인을 마시는 것처럼 느껴지는 겁니다. 또한 '연탄 와인'을 마실 수 있게끔 도와주는 소수 레스토랑의 도움도 또한 배제할 수 없습니다. 대부분의 레스토랑이 자체 와인리스트를 갖고 있지만 그 와인 판매를 뒤로 하고 '연탄 와인'을 허락했기에 그나마 우리나라에 와인 문화가 꺼지지 않고 불씨만큼은 키울 수 있는 여지가 있었던 것입니다.

와인 모임을 위해 와인 모두를 챙겨오는 주최자를 연탄을 나르는 자원봉사자로 승격시키고자 하는 것은 아닙니다. 단지 우리 와인 문화가 와인을 날라서 마실 정도로 척박한 동네라는 것을 간접적으로 말하고 싶어서입니다. 이는 모든 면에서 인프라가 열악한 지역에 연탄을 배달해서 상대적으로 저렴한 비용으로 난방을 하는 것과 같습니다. 연탄은 자원봉사자가 나르고 와인은 와인 모임 주최자가 나르는 것이라면, 힘들게 나른 연탄을 태워 훈훈한 방을 만드는 것이고, 힘들게 갖고 온 와인을 마시면서 훈훈한 와인 모임을 만드는 것입니다.

자원봉사자들이 연탄을 나를 때 자동차도 못 가는 골목길, 굽이굽이 오르막길을 보다 수월하게 나를 수 있도록 도와주는 교통수단이 있습니다. 바로 '리어카'입니다. '리어카'를 밀고 당기는 것이 자원봉사자라고는 하지만 '리어카' 없이 연탄을 나른다는 것은 불가능합니다. 연탄을 나르는 자원봉사자들을 와인을 나르는 주최자라고 말한다면, '리어카'는 와인 반입을 허용하는

'무료 레스토랑'이라고 할 수 있습니다. '리어카' 없는 연탄 나르기는 끔직하시지요? 저도 그렇습니다. '리어카 레스토랑' 없는 와인 모임은 정말 끔찍합니다. 와인과 함께하는 참여자들에게는 '반가움'이 있다면 레스토랑에 모임 한 자리를 내어주시는 분들께는 '진정한 경의 표의'가 있습니다.

불편

비가 오는 날에는 레인부츠 또는 장화가 아닌 이상 가죽신발이든 운동화든 빗물에 젖기 마련입니다. 물론 신발의 성능에 따라 많이 젖고 덜 젖고 차이는 있겠지만 빗물이 새는 것을 완전히 막는 것은 어쩔 수 없습니다. 평소에 신던 신발이 빗속에서 젖고 말았습니다. 양말이 축축할 정도는 아니지만 계속 신다가는 더 젖게 생겼습니다. 그래서 우선 다른 신발로 갈아 신었습니다. 갈아 신은 신발이 다소 가볍기는 하지만 구두는 구두입니다. 기능성 신발 또는 운동화보다는 걷기에 불편한 것은 어쩔 수 없습니다.

구두를 신어 달라진 점은 '걸음걸이'입니다. 구두 바닥이 딱딱해서 걷기가 상당히 불편했고, 그래서 그런지 생각보다 빨리 걸을 수가 없었습니다. 더욱이 구두 앞부분도 뾰족해서 그런지 평소보다 보폭도 줄었습니다. 그래서 기왕 이렇게 된 것 "젖은 신발보다는 낫겠지."라고 생각하면서 긍정적인 생각을 갖기로 했습니다. 느긋하게 걸으면서 '불편'함을 즐기기로 한 겁니다. 그러다 보니까 평소 안 보이던 보행 습관이 그 '여유' 속에 보이기 시작했습니다. "아! 내가 여태 걸음걸이가 너무나 빨랐구나!" 하고 말합니다.

와인은 다른 술에 비해서 많은 조심성을 필요로 합니다. 맥주나 막걸리 같은 술은 술자리에서 마시다가 실수로 옷에 술을 흘리더라도 집에서 간단히 세탁만 해도 금방 지워집니다. 소주 같은 경우는 물 같아서 세탁 없이 그냥 집에 가서 잘 말리기만 해도 티도 안 나고요. 하지만 와인은 알다시피 다른 술과는 상당히 다릅니다. 어떤 포도 품종의 와인이냐에 따라 와인 액체의 농도 차이가 있을지는 모르겠지만 대부분 옷에 흘리면 세탁이 상당히 힘듭니다. 세탁소에 가져가서 와인 얼룩을 지우기 위해 상당히 노력해도 옷감이 상하는 것을 피할 수 없습니다. 이러한 조심성 때문인지 와인은 다른 술에 비해 늘 '불편'합니다.

와인글라스는 또한 다른 술잔에 비해 깨지기 쉽습니다. 소주잔의 경우는 땅에 떨어져도 운 좋게 깨지지 않을 수 있습니다. 작지만 단단하게 제작되었거든요. 하지만 와인글라스는 작은 충격에도 금방 깨질 수 있습니다. 좋은 와인글라스의 경우 그

높이가 20센티가 넘는 글라스도 있습니다. 와인병보다 높은 와인글라스가 테이블마다 가득한데 잘못해서 깨지기라도 한다면 어찌 조심스럽지 않겠습니까? 이러한 조심성 때문에 와인은 다른 술에 비해 또 '불편'합니다.

하지만 이러한 '불편'함 때문에 와인 모임에 참석한 사람들은 조심스러워 합니다. 다른 술처럼 시끄럽게 떠들면서 와인글라스도 돌리려 하지 않습니다. 사람들의 몸가짐도 남달라 활동 범위도 작아집니다. 의자에서 일어날 때에도 앉을 때에도 조심스럽게 움직이고, 의자에 앉는 자세도 평소보다 가지런합니다. 다른 사람 눈에도 이 모든 모습이 그 사람의 평소 '매너'로도 보여집니다. '불편'한 구두가 도리어 저에게 '여유'를 선사했듯이 '불편'한 와인이 도리어 모든 이에게 '매너'를 주었습니다. 그리고 평소 술자리에서의 매너와 와인 모임에서의 매너를 비교하면서 "아! 내가 여태 성격이 산만했구나."도 알게 됩니다.

나의 실력 & 나의 경계

오래전서부터 와인을 즐겨 마시다 보니까 사람들 눈에는 제가 '와인'에 대해서 상당히 많이 알고 있는 줄 압니다. 그런데 이상하게도 '와인' 아닌 '저'에 대해서 묻더라고요. 그래서 한 번 쭉 모아봤습니다.

"당신의 와인 실력은 어느 정도입니까?"

"당신의 와인 레벨은?"

"와인 업종에서 일하시나요?"

"와인 소믈리에이신가요?"

"자격증 있으세요?"

"와인 판매업자인가요?"

이렇게 사람들이 묻는 이유의 깊은 속내는 '실력 있는 사람'

을 찾고자 함입니다. 저와 와인과의 그 '경계'를 알고 싶어 하는 겁니다. 그럴 때마다 저는 이들의 심정을 이렇게 받아들이곤 했습니다.

첫 번째로 누군가에게 배운다는 것은, 또는 피교육자가 된다는 것은 자신 스스로 그보다 낮다는 것을 인정하는 것입니다. 그러기에 하나라도 더 아는 사람에게 배워야 자신의 자존감을 지킬 수 있습니다. 두 번째는 시간이 아까워질 수 있어서입니다. 막상 참여했는데 허탈한 심정에 자신의 선택에 자책을 할까 봐입니다. 세 번째는 돈 낭비입니다. 지불한 대가에 비해 배운 것이 적을 때, 곧 가성비를 따집니다. 네 번째로는 이 세상에는 사기꾼이 많습니다. 자신이 농락당할까봐 조심스러운 겁니다.

그래서 나의 와인 실력 또는 나의 와인의 경지에 대해 주저리 주저리 떠들어 볼까 합니다.

'나 자신의 소리'도 듣지 못하는 자신은 결국 '남의 소리'도 듣지 못합니다. 그리고 신의 소리를 들을 수 있는 기회가 주어진다 하더라도 신의 소리인 줄 모르게 됩니다.

'나 자신의 소리'를 듣지 못하면 교회를 다녀도 신께서 말한다 한들 듣지 못하고, 절을 나가도 부처의 가르침이 있다 한들 또한 듣지 못합니다. '나 자신의 소리'도 듣지 못하면 어디까지나 그 언저리까지만 들립니다.

밀림

제가 있는 이곳은 밀림 카페입니다. 살벌한 광경이 연출되는 곳입니다. 저는 이런 곳에서 아메리카노 한 잔을 마시며 노트북을 켜고 일할 때가 있습니다. 사자가 배가 고파 먹이를 찾아나설 때면 밀림카페가 폭풍의 전야에 휩싸이게 되지만 배부른 사자가 낮잠을 청할 때면 그 시간만큼은 '에덴밀림'이 됩니다. 이곳은 키즈카페라 불리는 커피전문점입니다. 정확한 타이밍은 아리송하지만 아이들이 우르르 몰려왔다가 우르르 빠져나갑니다. 아주머니의 수다와 아이들 울음소리에 이 카페는 곧 배고픈 사자가 사냥을 하는 밀림이 되지만 이들이 없을 때 이 카페는 배부른 사자가 멍 때리고 있는 '에덴카페'가 됩니다. 물론 같이 일하는 동료들은 늘 이 카페가 시끄럽다며 이곳에서 커피를 마시며 일도 하지 않고, 심지어 테이크아웃도 꺼려하지만 말입니다. 밀림의 룰을 잘 모르는 이들에게는 24시간 늘 살벌한 피바다로 보일 테고, 이 카페의 특성을 잘 모르는 이들에게는 영업시간 내내 늘 시끄러운 키즈 커피전문점으로만 보일 겁니다.

와인은 비싸지만 비싸지 않습니다. 이는 키즈카페가 있는 커피전문점은 시끄럽지만 시끄럽지는 않은 것과 같습니다. '배고픈 와인 사자'는 밀림이지만 '배부른 와인 사자'가 있을 때에는 에덴입니다. '굶주린 와인 사자'는 비싸지만 '배가 부른 와인 사자'는 비싸지 않습니다. 레스토랑에서 판매되는 와인은 상당히 비쌉니다. 하지만 콜키지를 받지 않는 레스토랑을 방문해 와인을 직접 사들고 가서 마시면 보다 저렴하게 와인을 마실 수 있습니다. 평상시에 와인을 사면 제값을 주고 사게 됩니다. 하지만 와인 행사를 할 때 구입하면 보다 저렴하게 구입할 수 있습니다.

그러므로 첫 번째, 행사할 때 와인을 미리 사두거나 두 번째, 와인 반입이 가능한 레스토랑을 찾아 그곳에서 와인을 마시는 등 이 두 가지 방법을 적용하여 그 누군가가 동시에 컨트롤하면서 운영한다면 또는 모임을 주최하여 회원들과 함께한다면 와인은 비싸도 비싸지 않게 됩니다. 하지만 이 방법을 쓴다 할지라도 와인은 '본래' 비싼 것 아니냐는 편견을 갖는 사람들도 분명 있을 겁니다. 이는 키즈 커피전문점이 늘 시끄럽다고 생각하는 제 동료들과 같습니다. 일반적으로 우리가 아는 키즈 커피 전문점은 상당히 산만한 게 사실이고, 우리가 아는 와인도 비싼 것은 사실이니까요. 충분히 이해는 갑니다. 하지만 이들이 그 카페의 '틈'을 알게 된다면 보다 조용한 카페로 변모했을 때 저처럼 이용할 것이고, 이들이 그 와인의 '틈'을 안다면 그렇게 많은 돈을 들이지 않고서도 저처럼 와인을 즐길 수 있다는 사실을 분명 알게 될 겁니다.

금덩이

금덩이를 소재로 한 영화나 예능, 그리고 애니메이션 등이 많이 있습니다. 하지만 우리가 돌덩이처럼 생각하는 금덩이는 실제 존재하지 않습니다. 우연찮게 길에서든 산에서든 지나가다 금덩이를 발견한다면 그것은 누군가 이미 만들어놓은 것을 로또의 확률로 주운 겁니다. 금광에 가면 금덩이가 있기보다는 무수한 금가루의 흐름인 금맥이 있습니다. 금맥을 따라 채취한 돌덩이를 잘게 부수고 부셔서 돌가루를 만든 뒤 수많은 필터링을 거쳐 우리가 말하는 금덩이 한 개를 만듭니다. 금맥을 품고 있다 한들 하늘 아래 뫼인 태산조차도 잘게 잘게 쪼개서 필터링해 봤자 동네 뒷동산 크기 금덩이만 나와도 대성공입니다.

금을 이용해서 만든 일상의 물건으로 금반지, 금목걸이, 금팔

찌 등이 있습니다. 금이 귀하다고는 하지만 흔히 보이다 보니 때로는 누구나 하나 정도는 갖고 있는 흔한 물건으로 비춰질 때가 있습니다. 하지만 하나같이 자세히 보면 약 100% 순금제품은 아닙니다. 금과 혼합이 잘 되는 다른 금속을 섞어서 물건을 만들었다는 것을 알 수 있습니다. 금제품이 반드시 순금으로만 만들어야 한다면 일상에서 금을 보기란 상당히 힘들었을 겁니다. 하지만 기술이 발전해서 적은 금의 양으로도 금빛을 낼 수 있었기에 상대적으로 금이 여러 곳에 쓰이게 되어 상대적으로 많아 보이는 겁니다. 사는 사람 입장에서는 같은 돈으로도 훨씬 많은 금을 소유한 것과 같은 '보여줌'의 효과도 갖게 됩니다.

와인을 빨리 그리고 쉽게 배우려 하는 사람들이 많이 있습니다. 영어든 일본어든 중도하차한 사람들의 공통점을 하나 뽑는다면 너무나 쉽게 또는 가볍게, 그리고 너무나 빨리 알고자 접근을 하는 겁니다. 누군가에게는 직업이 될 정도로 만만치 않은 공부가 어학인데, 누구는 단순히 자신의 능력치에 하나 더할 셈으로 접근을 하니 말입니다.

와인도 그렇습니다. 누군가에게는 직업이 되어 밥 벌어 먹을 정도의 단단함을 요하는 분야입니다. 하지만 와인에 대한 지식 등이 자신의 주량과 비례해야 한다는 맹목성을 갖고 쉽게 달려듭니다. 수영조차도 주 2회 1달 레슨을 받는다 하여도 간신히 물장구 하나 흉내낼 정도인데 처음 배우고자 하는 와인을 기존에 알아왔던 술에 접목을 하여 금방 꽃 피우려고 한다니 말입니다. 어떤 와인 학원에 등록하든 스터디 모임에 참석하든 간에 어디에도 '와인 금덩이'는 없습니다. 금맥처럼 와맥을 따라 무수한 와인 돌덩이를 부수고 부셔서 작은 '와인 금덩이'를 채굴할 수 있는 겁니다.

주변을 둘러보면 와인에 대해서 잘 안다고 자처하는 사람들도 많고, 이를 즐겨 마신다고 자처하는 사람들도 많이 있습니다. 그러다 보니 와인에 대한 지식 또는 배움이 많아 보입니다. 하지만 자세히 보세요. 순도 100% '순금 와인'은 없습니다. 조금이라도 '금 와인'이 많아 보이게 하려고 '순금 와인'에 자신의 지성과 매력을 섞어 덮어쓰기를 하면서 수많은 '금 와인'을 만들어 냅니다. 이는 순금에 다른 금속을 섞어서 제련을 하여 적은 양으로 많은 금제품을 만드는 것과 같습니다. 그래서 와인에 대한 작은 지식으로도 훨씬 많은 와인 지식을 알고 있는 사람으로 '보여줌'의 효과 또한 자동적으로 갖게 되는 겁니다.

태평양 모든 액체를 탈탈 턴다 한들 백두대간 한강 한 줄기만큼만 '와인 금덩이'가 나와도 실상은 대성공입니다. 혹시 남들이 흘린 로또 확률의 '와인 금덩이'를 찾고자 와인 주변을 여전히 배회하시는 것은 아니겠죠? 차라리 컴퓨터를 돌려 비트코인을 채굴하는 것이 경제적일지 모릅니다.

순대

평소 잘 가는 순댓국집이 있습니다. 제 입맛이 다른 사람 입맛에도 맞아서 그런지 제법 손님도 있었습니다. 그러다 보니 1~2년 정도 시간차를 두고 주변에 순댓국집이 하나둘씩 생겨나게 되었습니다. 더욱이 주변 사람들로부터도 입소문이 더해지다 보니 새로 생긴 순댓국집 또한 신규 손님들 덕택에 영업 재미를 톡톡히 보게 되었습니다. 하지만 계속 생겨나는 순댓국집 숫자에 비해 손님의 숫자는 한정되어 있다 보니 급기야는 영업 손실을 이유로 상호는 같은데 사장님이 계속 바뀌어가면서 사업을 정리하는 순댓국집도 보이기 시작했습니다.

제가 잘 가는 순댓국집도 결국엔 사업을 다른 사람에게 넘기고 소리 소문 없이 음식장사를 접으셨습니다. 그 이후로 몇 번 방문을 해서 순댓국을 먹어보았지만 기분 탓인지 맛이 예전 같지 않았습니다. 먹으러 가는 것은 아니지만 가끔 순댓국집을 지나갈 일이 있으면 "손님이 많나?" 하고 고개가 저절로 돌아가게 되는데 예전에 비하면 파리 날릴 정도로 손님이 없더라고요. 역시 입맛은 비슷한가봅니다. 한 번은 옛날에 순댓국을 맛있게 먹던 기억도 나고 추억을 되새길 겸해서 그곳 순댓국집을 방문했습니다. 이른 점심시간이어서 그런지 홀은 썰렁하기만 했습니다. 조용이 앉아서 평소 시키던 음식을 주문했고, 그곳에서 다시금 추억을 먹었습니다. 맛은 우선 뒤로 한 채 '추억'을 순댓국에 말아먹고 있는 제 자신이 있었습니다.

와인은 늘 지문이 남습니다. 장점이자 단점입니다. 그 누군가와 즐겁게 마셨던 와인이거나 누군가와 특별히 함께한 와인이라면 그 와인을 마실 때마다 '그 순간'이 떠오릅니다. 특히 그 대상이 남녀관계라면 그 추억은 더더욱 지문으로 남습니다. 로미오와 줄리엣처럼 비극으로 끝난다면 그 와인을 마실 때마다 슬픈 영화 한 편을 보는 느낌입니다. '파비올라' 와인처럼 해피엔딩이라면 그 와인을 마실 때마다 유쾌한 영화 한 편을 보는 느낌이 듭니다. 와인은 그 와인병 안에 포도만 녹아들어 있는 것이 아니라 그 사람의 영혼도 함께한다는 것을 오랜 기간 와인을 함께하며 알게 되었습니다. 초창기 와인을 잘 모르고 마실 때에는 일반 술처럼 '퍼마셨다'라는 표현을 썼다면 지금은 와인을 마실 때 '주저한다'라는 표현을 쓰고 싶습니다. 제가 몰랐을 뿐이지 태곳적부터 와인은 천천히 마시는 술일 수밖에 없었나봅니다. 와인은 무엇인가를 잊기 위해서 마시는 술이기보다는 추억을 계속 담아가는 술이었음을 말입니다. 와인의 감미로움은 곧 새록새록 떠오르는 기억의 '얼룩'들이었습니다.

"함부로 사랑하지 마라! 그러면 함부로 와인도 마시지 않는다."

조각

KBS, MBC 등 정규방송과는 다르게 종편방송들은 프로그램 방송 전에 저마다 자체 제작한 회사 방송 로고를 화면으로 선전합니다. 예능뿐만 아니라 드라마로도 각광을 받는 채널이 있는데 바로 'T◯N'이 그렇습니다. 이 로고 광고는 언젠가 미술관에서 비슷한 방식을 구사한 예술작품을 본 적이 있는데 보다 쉽게 그래픽으로 제작되어 TV화면으로 보여진 겁니다. 그래서 매번 TV를 볼 때마다 그 미술관 예술작품과 로고 광고가 서로 매칭이 되곤 했습니다. 제가 본 미술관 예술작품은 다른 작품들에 비해 상대적으로 많은 공간을 차지하고 있었습니다. 하늘의 새처럼 무수한 조각들이 천장에 고정된 투명 와이어에 매달려 움직이지 않고 떠다닙니다. 정면이 아닌 측면으로 걸어가면서 둥

둥 떠다니는 조각들을 보고 있노라니 무슨 어린이집 아기모빌도 아니고 저것도 예술인가 싶었습니다.

하지만 점점 다가설수록 무작위하게 매달려있던 조각들이 뭉치기 시작했고, 정중앙에 딱 들어서는 순간 하나의 원이 그려지는데 구멍 뚫린 하늘을 나는 3D 도넛이었습니다. 이는 조각조각들이 거리차를 두고 유기적으로 연결되어 있어 다른 각도에서 보면 지저분하게 투명끈에 매달려있는 주제 없는 조각들에 불과하지만 어느 한 점에서는 단 하나의 결정체로 뭉쳐버리려는 특성을 지니고 있었던 겁니다. 그때 저는 뭉쳐지는 거대한 입체 모빌작품을 보면서 이것이 바로 득도, 즉 "한꺼번에 깨닫는다."가 아닌가 싶었습니다.

와인은 어떤 정규수업처럼 커리큘럼대로 진행이 되며 그 과정을 마칠 때마다 그에 따른 성과가 따르고, 그 성과에 따른 결과가 바로 도출되는 영역이 아닙니다. 시각, 촉각, 미각 등 사람마다 각기 다른 감각을 앞에 두고, 와인을 바라보는 시점이 틀리고, 와인의 느낌이 틀리며, 와인의 맛이 다르기에 이를 공통분모로 하는 와인 절대공식을 찾는다는 것은 턱없는 일입니다. 가끔 언어를 공부하면서 성과를 낼 때 계단식 실력향상 패턴을 보인다고 합니다. 이는 시간을 투자하여 배움의 결과가 바로바로 나오는 것이 아니고, 자동차 기어처럼 일정한 순간씩 충전이 되었다가 그 고비를 넘겼을 때 껑충 뛰어오른다는 말입니다. 와인에 대한 지식 또는 배움이 계단식과 같은 패턴이 보이긴 하지만 마지막 크게 다른 점 하나는 '조각조각 거대 모빌'입니다. 와인은 무수히 떠다니는 모빌입니다. 따로따로 노는 듯하고, 배워도 티도 안 나고, 이 길이 바른 길인지 돌아가는 길인지 나침판이 없어 보이지만 거대 모빌처럼 어느 한순간 딱 하고 맞춰지는 느낌을 받을 때가 있습니다. '와인 득도'라고 해야 하나요?

"한꺼번에 와인이 보인다."

이 순간은 뜻하지 않게 찾아옵니다. 꼭 와인을 마실 때만이 아니고 그냥 걷기만 하더라도 와인에 대해 사색을 하고 있다면 장소는 크게 상관이 없습니다. 딱! 모아지는 그 '와인의 각도와 장소'를 찾기만 하면 되는 겁니다. 다른 '와인의 각도와 장소'에서는 그 와인의 모습이 늘상 일반 조각에 지나지 않으니까요. 그 와인의 모양새는 무아지경에 빠진 듯 허공이라 처음에는 잘 보이지는 않습니다. 그러나 어느 한순간 그 허공이 완성된 입체 직소퍼즐로 흐릿하게 보여질 때가 있습니다. "바로 여기입니다. 와인의 각도와 장소!" 와인의 길에 오신 겁니다. 와인에 대해 거창하게 나열하긴 했지만 철학적·종교적 큰 깨달음과 동일시하고자 하는 것은 결코 아닙니다. 조급해하지 않고 꾸준히만 와인과 같이 하면 그 언젠가는 그날이 누구에게나 올 수 있다는 사실을 '공유'하고자 함입니다. 와인과 늘 함께해주세요.

오뎅

오뎅을 최고 맛나게 먹는 방법은 당연히 눈보라 속에서 뜨거운 오뎅 국물과 먹는 겁니다. 오뎅은 환경적 요소가 음식에 지대하게 미치는 종족임에는 틀림이 없나봅니다. 그 다음으로 맛나게 먹는 방법이 있는데 다소 불편함을 감수해야 합니다. 출장차 휴게소에서 있었던 일입니다. 평소 휴게소 음식을 잘 안 먹는 편인데 남이 사주면 아주 잘 먹습니다. 날도 여느 때에 보다 쌀쌀했고, 그날따라 아침도 부실했었는지 제가 화장실에 잠시 다녀온 사이 동료가 뜨거운 국물에 오뎅을 푸짐하게 사왔습니다. 두 개는 국물 속에 유유히 떠다니는 오뎅이었고, 다른 하나는 꼬챙이에 겹겹이 쌓인 오뎅이었습니다. 저는 본능적으로 후자를 선택했습니다. 먹기는 전자가 훨씬 좋지만 역시 오뎅은 뽑아먹는 겁니다. 오뎅을 맛나게 먹는 두 번째 방법은 역시 꼬챙이채 오뎅을 '뽑아먹는 것'입니다.

와인을 가장 사랑스럽게 마시는 방법은 그녀(그이)랑 마시는 겁니다. 인생 별거 없습니다. 살면서 행복이 많이 찾아올 것 같나요? 사랑은요? 사랑의 발현은 인생에 있어서 행복보다 채굴이 힘든 귀하고 귀한 미네랄입니다. 그러기에 사랑하는 사람과 마시는 와인이 최고입니다. 그 다음으로 와인을 최고로 마시는 방법은 생각 외로 기본적입니다. 바로 제때 마시기입니다. 와인은 개봉하면 그 공간 안에서 마셔야 합니다. 이런 점에서는 맥주랑 비슷하긴 합니다. 김빠진 맥주는 별로이잖아요? 와인을 소주와 같은 술로 아신다면 남은 와인을 코르크 뚜껑으로 꽉 막아 냉장고에 보관한 다음 시간될 때마다 조금씩 드시는데, 이건 와인이 아닌 알코올을 섭취하는 모양새에 지나지 않습니다. 조화가 아닌 이상 한 송이 꽃이 피다지듯이 와인 또한 피어났다가 지기 마련입니다. 그런데 그 사실을 모르고 몇날 며칠 냉장보관만 하시면서 와인을 드십니다. 와인은 사실 타이밍입니다. 어디서 많이 들어본 대사 같지 않나요? 제때 마시는 것은 어렵지 않습니다. 제때 사랑하는 것처럼요. 꼭 기억해주세요.

EPILOGUE

"중이 잿밥에만 관심이 있다."라는 속담을 들어보신 바 있을 겁니다. 저도 남들처럼 '만남'을 위해 와인 모임의 첫발을 디뎠습니다. 사실 저도 처음에는 별거 없습니다. '순수한 의도'보다는 중처럼 잿밥에 관심이 있었으니까요. 하지만 막상 와인 문화를 접하면서 저와 함께하는 와인 친구를 알게 되었고, 결국 이곳에 몸을 담게 되었습니다. 중이 절에 갔다가 잿밥이 아닌 '부처'가 좋아진 겁니다.

저도 들은 이야기이지만 군에 입대를 해서 종교활동을 할 때 여타 종교에서는 참석한 군인들에게 초코파이 1개를 선물로 줬는데 이곳 성당에서는 유난이 초코파이를 2개씩 줬다고 합니다. 그래서 일요일마다 다른 곳 제쳐두고 성당에만 참석한 한 군인이 있었다고 합니다. 처음에는 오직 초코파이에만 관심이 있어 성당으로 발길을 돌렸는데 나중에 그는 결국 신부의 길을 걷게 되었다 합니다.

이 이야기를 두고 성당에서 '초코파이 신부'가 성당 신자들에게 물었다고 합니다. "저는 세속적인가요? 물질에 눈이 멀어 신부가 되었나요?"라고 말입니다. 이에 신자들은 마냥 웃기만 했다고 합니다. 사실 군대란 특수성 속에서 초코파이는 그 군인에게 있어서 '눈먼 물질'이기보다는 '달콤한 위로'였습니다. 결국 초코파이는 '세속적'이기보다는 신앙의 '첫 단추'가 되어준 것입니다.

저에게 있어서 와인은 종교가 아닙니다. 절도 성당도 더더욱 아닙니다. 와인과 대화할 줄 아는 친한 친구입니다. 처음 시작의 순수함에만 얽매이지 않으셨으면 합니다. "시작이 반이다." 하여 시작의 순수성만 강조하다 보면 자기도 모르게 포기가 빨라집니다. 좋은 환경은 좋은 결과를 낳을 수 있는 하나의 조건이라 믿으세요. 영화 속 모든 스토리가 주인공을 위주로 흘러가듯 '자신과 와인'을 주인공으로 하는 한 편의 영화를 만든다 생각하세요. 주어진 앞으로의 시간을 꼭 자신의 편으로 만드세요.